第11届

届

宋庆龄奖学金

THE 11th SOONG CHING LING

SCHOLARSHIP

成长的榜样

CHENG ZHANG DE BANG YANG

第11届宋庆龄奖学金获奖者优秀事迹

宋庆龄奖学金办公室　编

中国中福会出版社

序

　　少年儿童是祖国的未来，民族的希望。敬爱的宋庆龄同志曾说："有些事情是可以等待的，但是少年儿童的培养是不可以等待的。"设立宋庆龄奖学金，就是为了鼓励全国少年儿童大力弘扬爱国主义精神，努力成为有理想、有道德、有文化、有纪律的社会主义事业建设者和接班人，这是一项缔造未来的宏伟事业。

　　《成长的榜样》真实地记录了获得宋庆龄奖学金的少年儿童不平凡的成长足迹。这些孩子们的身上有爱国利民、心正志远的高尚品质，有勤奋学习、追求上进的昂扬斗志，有逆境成才、自强不息的拼搏精神，有关注社会、热心公益的主人意识，有崇尚科学、多才多艺的优秀潜质。他们的事迹折射出了当代少年儿童的集体形象，他们的成长之路为广大少年儿童树立了可亲、可学的榜样。希望他们的宝贵品质和感人事迹激励广大少年儿童发愤图强、健康成长。

　　习近平总书记提出"实现中华民族伟大复兴"这一百年"中国梦"，并殷切地勉励青年学生"人生的扣子从一开始就要扣好"，获得宋庆龄奖学金的孩子们以他们充满正能量的人生践行着、参与着、创造着这一伟大梦想。正能量通过这些获奖同学的事迹被传递，是社会进步的不竭动力，相信有更多的追梦者正在与获奖的同学们同行。

　　祝贺历届获奖的同学们！

教育部副部长：

刘利民

目录
CONTENTS

敢与死神争夺生命

北京市西城外国语学校　陈文翘楚

C H E N G   Z H A N G   D E   B A N G   Y A N G

带着笑容、热情谦和的他勇救掏粪工人，并为其规范实施了心肺复苏急救，挽救了工人的宝贵生命。中国红十字总会、街道办事处和团工委及学校授予他"见义勇为好少年"荣誉称号。他敢于与死神争夺生命，展现了新时代少年的英姿。

　　2013 年 9 月 13 日，秋雨冲刷过的清晨，空气分外清新。在北京市西城外国语学校操场上，全体师生怀着激动的心情，注视着主席台。学校德育校长赵秀利满怀深情地说："今天，让我们把世界上最美丽的鲜花献给西外最美丽的孩子！"话音刚落，整个操场上掌声雷动，大家向站在台上的一个潇洒男孩投去满含敬意的目光，这个男孩是西外的"见义勇为好少年"。此时他微笑着，显得那么平静，但在这平静的背后却曾经发生过一场与死神争夺生命的惊心动魄的战斗。

　　这个脸上洋溢着灿烂笑容的少年就是北京市西城外国语学校初二（10）班的陈文翘楚同学。2013 年 9 月 12 日，他在放学路上远远看见一群人围成一圈，走近后听见有人焦急地大喊："谁来搭把手？"危急时刻，他把自行车扔给同学，冲进人群帮忙把污水井下的工人拉了上来。当时工人已经昏迷，失去意识，检测不到脉搏和心跳，呼吸停止，小便失禁，情况十分危急。陈文翘楚对他大声呼喊、做耳边击掌都没有一点反应。在这生死攸关的时刻，他立即拨打了报警电话联系急救中心，随即组织同学将围成一圈的人群疏散，把昏迷的工人身体放平，打开气道，按步骤为这名工人实施心肺复苏。他认真地数着数，做好每个按压，直到看见工人的腹部有了起伏，听见身边有人喊着："活了！活了！"随后，他迅速把自己的书包拉过来给工人垫在头下。经过陈文翘楚的抢救，工人恢复了呼吸，是他挽救了这位工人宝贵的生命，为接下来的救治赢得了时间。当120急救车赶到时，他又帮助医护人员将工人抬上救护车。

事后，他向人们讲述事情经过时说："我第一次这么近

距离地面对生死，当时也非常紧张。但是我瞬间就冷静下来，心里想着急救的黄金四分钟，想起在野外训练营学到和练习过的急救方法，觉得我一定要为他做点什么。"

原来，陈文翘楚同学经常参加公益机构组织的城市生存和定向越野等活动。在这些活动中，他不仅有机会学到很多野外生存和急救的知识，更炼就了他尊重自然、敬畏生命、关爱他人、勇于担当的优秀品格。也正是有了这些平时的积淀，才使得他在危难时刻的身手显得那样完美，那样帅气！他说："在以往多次的公益活动中给我最大的收获是，户外行走能让我们彼此靠得更近，陌生的人成为队友，组成团队，不同的目的，相同的方向。在帮助别人的同时感受到自己的

价值也获得了提升，体验着奉献爱心、收获幸福。"

陈文翘楚同学的事迹让西外、让北京、让全社会深深感动！中央电视台和北京电视台等媒体在第一时间把西外师生施救掏粪工人的事迹传遍京城；《新京报》《北京晚报》等多家报刊、广播电台先后做了详细报道；学校授予他"见义勇为好少年"荣誉称号；中国红十字总会、展览路街道办事处和团工委都对他进行了表彰，被救工人的家人还到学校赠送锦旗表达谢意。

荣誉面前，有人问陈文翘楚为什么当周围的大人都袖手旁观时能够挺身而出？他朴素地回答道："我当时真的没有想那么多，只是觉得我路过就无法视而不见，我只是做了力所能及的事情，相信换了其他懂急救知识的人也会像我一样做。"还有人问他，拉上来的工人小便失禁，不嫌脏吗？他答道："父母、社会从小教育我，职业没有贵贱，人格才有高低。说实话我当时都没有注意到周围的环境和他的身上是否整洁，后来看到监控录像上路人掩鼻而过，我反而觉得更应该净化的是人们的心灵。"此刻我们感受到的是一颗突突跳动着的青春的心，它是那样地纯洁，传递着磅礴的能量。

面对"有人摔倒，扶还是不扶"、"怎样对待付出与索取"等一系列社会问题，每个人都有不同的观点。我们十四岁的少年——陈文翘楚用自己的行动做出了他的人生答卷。陈文翘楚最大的心愿是将来可以做一名户外运动者，在体验美丽大自然的同时，把自己拥有的生存技能传授给更多的人，去救助那些在危难时刻需要帮助的人。

互动留言板

陈文翘楚同学在关键时刻能够保持冷静，为掏粪工人施救，我们都应该向他学习。

江东昊（10岁）

看了陈文翘楚同学的事迹，让我对户外运动也很感兴趣。我们都应该学习一些基本的求生和急救技能，有助于在关键时刻挺身而出。

邓嘉逸（12岁）

我的梦想感言
请把你的感想写在这里

插画/ 闸北区青少年活动中心　徐钰敏　（10岁）

为哥哥遮风挡雨的"大姐姐"妹妹

天津市河北区扶轮小学 刘鑫禹

CHENG ZHANG DE BANG YANG

她是妹妹，是一个快乐的女孩；但她也是个姐姐，她有个需要照顾的哥哥。她对家人充满爱心，对同龄小伙伴无私帮助，是个有社会责任心的好少年。

　　在许多人的印象中，"哥哥"是一个有着坚强的臂膀、能为妹妹遮风挡雨的角色。但对于天津市河北区扶轮小学六年级的刘鑫禹而言，大她十岁的哥哥不仅不能为她遮风挡雨，还需要刘鑫禹的照顾。刘鑫禹是一个自强自立、充满爱心的快乐女孩，对于哥哥来说，她也是个敢于担当、特别懂事的"大姐姐"。她用稚嫩的肩膀为爸爸妈妈分担压力，坚强地承担起照顾残疾哥哥的责任。虽然这个担子沉甸甸的，但刘鑫禹却完全不觉得："希望将来能有这么一天，我能用自己掌握的知识帮助哥哥治疗或者通过自己的努力为哥哥创造更好的条件，成为爸爸妈妈和哥哥的依靠！"

　　刘鑫禹出生在一个普通的工人家庭，与其他孩子不同的是她有个哥哥。哥哥因为听力不好，平衡能力很差，生活上需要照顾。有一次，哥哥去厨房切苹果，不小心切到了手指。当时爸爸妈妈不在家，刘鑫禹赶忙找医药箱帮哥哥包扎。想到爸爸妈妈为这个家在外奔波，没法时时刻刻照顾哥哥，小鑫禹下定决心：以后多分担一些父母的责任，尽自己的全力照顾哥哥。

兄妹年龄相差十岁，这使刘鑫禹和哥哥在体格上有不少差距，有些事情让她做起来很吃力，但刘鑫禹却事无巨细，像个"大姐姐"一样照顾哥哥。从上下楼梯的相扶到料理饭菜，哥哥的日常生活已经离不开刘鑫禹。妈妈说，一次小鑫禹的哥哥摔破了手，女儿的沉着和处事能力让她印象深刻。那次，刘鑫禹和哥哥回家，哥哥走楼梯时不小心滑了一跤，手上划开了一个大口子，鲜血直流。一旁的小鑫禹赶忙跑回家，找了块毛巾给哥哥捂住伤口，毛巾很快被染红了。怎么办呀，毛巾上都是血！小鑫禹心里很着急，但是看到哥哥有些害怕，

她连忙安慰道："别怕，哥哥，我给妈妈打电话。"说着，她马上拨通了妈妈的电话，说明了情况。"别慌别慌，先把你哥哥送到医院，我和你爸爸马上赶来。"虽然自己也有些害怕，但刘鑫禹心想，自己必须镇定，这样才能帮到哥哥。于是，她按照妈妈所说的，在家里找到钱揣在口袋里，扶着还在流血的哥哥，小心翼翼地走到街上，打了辆出租车，来到家附近的医院。到了医院后，她先把哥哥扶到急诊处，然后按着以前大人带她看病的步骤——挂号、诊断、看片、付款……一个小女孩既要照顾哥哥，又要忙前忙后完成看病的程序，即便如此，她还是镇定地做到了。等爸爸妈妈赶到时，看到儿子已经在缝针了，心里真是既心疼又感动。"女儿真是长大懂事了，是我们可靠的小帮手！"

除了照顾哥哥的生活起居，刘鑫禹也是哥哥的心理导师，给身患残疾的哥哥带去阳光。她十分注重和哥哥的交往方式，尽量避免让哥哥认为自己是在"受帮助"，而是采取"陪伴"的方式，比如走路时，她不是"扶着"哥哥，而是和哥哥"手拉手"，帮助哥哥保持平衡。除此以外，刘鑫禹还常常开导哥哥，让哥哥保持快乐的心情。有一次，哥哥因为在外面被别人嘲笑，吃饭时闹起

情绪，怎么劝都不行，把爸爸妈妈急坏了。正巧刘鑫禹放学回家，看到这样的情况，她拉着哥哥说起了悄悄话："哥哥，你很棒的，别在意别人的看法。以后有什么事，咱俩一块儿去做。走，现在咱们一块儿吃饭吧。"听了妹妹的话，哥哥一扫之前的阴霾，和妹妹一起高高兴兴吃起饭来，使得旁边的爸爸妈妈在诧异之余，更是悄悄地抹起了眼泪，他们欣慰地说："以后这个哥哥全指望妹妹了。"

有人问刘鑫禹："应当是被宠爱的女儿、妹妹，不仅少了关爱，还要照顾残疾的哥哥，你会埋怨爸爸妈妈、埋怨哥哥、埋怨命运的不公吗？"刘鑫禹坚定有力地回答："不！"反而，她很心疼哥哥："哥哥的世界是那样地寂静，听力的下降还导致哥哥的平衡能力不好，每当我看到哥哥蹒跚的背影，心里都会有一阵莫名的揪痛。哥哥一定也很难过吧，他也一定希望自己能像男子汉一样保护家人吧。"

什么是亲情？亲情就是人们渴求为亲人付出全部，亲人之间彼此精心呵护，不管发生什么事都不会改变。有人说，现代社会亲情淡薄了，兄弟姐妹为了金钱打官司的新闻不绝于耳。然而，小小年纪的刘鑫禹却用自己的行动给大人们做了一个好

榜样。她说，自己从小就有一个心愿，那就是让哥哥能像她一样聆听小鸟清脆的鸣叫、欣赏优美动听的音乐，在阳光灿烂的春日和她手拉手一起在草地上飞奔、嬉戏、玩耍。

互动留言板

从小她就很懂事，长大一定能为祖国、为社会做出贡献。我们也要努力学习，成为祖国的栋梁。

王金忆（13岁）

刘鑫禹虽然是小妹妹，却比大姐姐更会照顾人。

唐泽熙（9岁）

我的梦想感言
请把你的感想写在这里

插画／宝山区少年宫　　梁　敏　（13岁）
　　　　宝山区罗店中学　王金忆　（13岁）

绿化不只是种树那么简单

保定市第十七中学　刘绍原

CHENG ZHANG DE BANG YANG

绿化就是种树吗？这是一位善于观察和思考的学生提出的问题。他发现城市绿化存在"绿色沙漠"的弊端，经过大量的问卷调查和勘察，写出了解决方案《绿化不只是种树那么简单》。他喜欢探索，勇于质疑，梦想做一名物理学家。

"三北防护林张北段大面积死亡达数百万亩……"当电视中播放这则新闻时，刘绍原的心中泛起了一丝异样的危机感：重点养护的防护林为什么会死亡？像三北防护林这样的情况在城市中又会不会出现？想到这些问题，刘绍原心想不能视而不见，他便利用随后的暑假时间，和同学们一起展开调查，探究其中的原因。

一开始，刘绍原去找学校老师，对防护林死亡的问题进行深入探讨。老师告诉他们，大面积种植同种树的绿化模式，长时间后会出现"单盐毒害"的隐患，缺乏水土保持和支持生物多样性的能力。根据探讨出来的结果，刘绍原他们将重点放在了大面积种植同种树的绿化模式上。

有了目标，就开始行动吧！他们先来到了保定市最大的公园。一眼望去，成片的松林、大块的绿化地，特别漂亮，不过走近一看，地面上竟然寸草不生！松针掉落在地上，因为无法被微生物分解而厚厚地沉积，一片片浮土，风轻轻一吹就黄沙漫天。典型的"绿色沙漠"！面对这样一大片土地，刘绍原的思维飞速运转。和同学商议后，他决定用脚步一步步丈量土地的长和宽，统计树木的数量，计算出种植密度。同时，扬尘产生沙尘暴、不能涵养水分、生物多样性差、生态效益差等绿色沙漠的种种危害，也被刘绍原一一拍照、取样、记录。城市绿化中不追求生态效益的"绿色沙漠"情况竟然普遍存在！

那么，老百姓对"绿色沙漠"的问题是否了解呢？刘绍原又带着问卷，来到了保定市最大的商场一探究竟。一次次凑近、讲明来意、认真解释记录……几次调查下来，他们一共搜集到了大约220份问卷，并把其中的数据整理成清晰的统计图表。结果让人唏嘘叹惋，人们对"绿色沙漠"的认知比较浅薄。

忙碌了整整一个暑假，刘绍原和同学们终于交出了一份整整16页的调查报告《绿化不只是种树那么简

单》，其中详述了城市存在"绿色沙漠"的弊端，并提出了可靠的解决方案。调查报告最后获得了河北省科技创新大赛一等奖。刘绍原说："现在，'绿色沙漠'情况普遍存在，个别地域特别严重。这是绿化理念的缺失，也是急功近利所造成的错误。单单追求美观和低成本的绿化模式，到底适不适合环境的健康发展？真正带来绿化效益和生态效益的双赢绿化，何时才能推广？是时候该反思了。虽然我们只进行了初步调查，但结果足以让我们意识到，确实应该更有效地治理'绿色沙漠'。更重要的是，人人都应该参与到绿化事业中来。我们真的愿意在制造了一片片'黄色沙漠'后又建起一片片'绿色沙漠'吗？"

　　刘绍原是个爱探究的学生，而他的爱探究又与众不同，用刘绍原自己的话来说，是"带着强烈的社会责任感来探究"。

关注身边环境与民生问题的他在2011年发现了保定市的光污染问题，并耗时两个月完成调查报告《关于保定市光污染情况的调查》。他还参加了斯德哥尔摩国际水科技竞赛，主持"柴鸡蛋和普通鸡蛋含钙量的比较"校级课题研究。通过参加各类探究活动，刘绍原不断成长。

"我有科技强国的梦想，我想做一名物理学家。"刘绍原的梦想看似遥远，但他正一步一步地朝着目标前进。他从电视上看到诺贝尔奖颁奖的新闻，发现站在荣耀的颁奖台上的物理学、化学等科技领域的获奖者，从没有中国人的面孔。刘绍原有了一种强烈的期盼和追求：成为一名科学家，在基础科学领域为国家打出一片天地！以仰望星空为兴趣的刘绍原说："仰望星空，需要脚踏实地——从每一次作业时的专注开始，高效认真掌握坚实的基础知识，到阅读方面的

扩充，再到对前沿科学领域的关注和了解，对科技发展的每一步的关心。同时也要有健康的体魄，强身健体，方能强国、强世，我尚不强，何谈国强！"

互动留言板

刘绍原同学乐于探究的精神感染了我，让我知道很多事情不能想当然，要经过调查研究，才可以获得正确的认识。

许怀谷（13岁）

我们都很热爱共同的家园——地球。但是保护地球不是盲目的，只有像刘绍原同学那样通过调查，才能找到正确的方法来改善我们的生存环境。

余盛馨（16岁）

我的梦想感言
请把你的感想写在这里

插画／ 奉贤区泰日学校　陈文倩　（12岁）　郑林玲　（12岁）

普通女孩儿冯莉清

临汾市隰县第一小学　冯莉清

CHENG ZHANG DE BANG YANG

普通女孩其实很不寻常，她的爸爸、妈妈和叔叔都是残疾人，三岁开始做家务，五岁学着做饭。八岁的她已成为家里的"小当家"，生命对她来说更意味着责任，她为我们很好地诠释了亲情的力量。

冯莉清，山西隰县午城镇杜家村一个九岁的小女孩。

她是个普通的小女孩儿，本应在爸爸妈妈的爱护下，和同龄的孩子一样，上学读书，慢慢长大。但是，她偏偏出生在一个不普通的家庭，于是，她的成长也变得不普通了。

原来，这个家庭一起生活的四口人，除她之外都是残疾人。十年前，爸爸因强直性脊柱炎而致残；八年前，妈妈患腰椎间盘突出，生下小莉清一个半月后又患上了小脑扁桃体下疝至今瘫痪在床；叔叔则是先天性智障并患有严重的癫痫病。

小莉清三岁开始帮爸爸做一些简单的家务，五岁时就学着生火做饭。现在，她已经能独立做每一顿饭。和面、擀面、切面条、揪片儿、切菜、热锅、倒油、炒菜……每一步都那么认真、娴熟。灶台太高，小莉清不得不一下一下跳起来，借助身体的重量压扁面团再用擀面杖来擀面；锅盖太重，小莉清要用两只手加一个膝盖顶着，才能把锅盖从大铁锅上挪到旁边去；菜刀也很重，小莉清只能提起一半来切面……莉清的妈妈坐在炕上看着这一切，心疼，但又无能为力。莉清的爸爸忙了一上午农活，回到家里已是筋疲力尽。莉清用电饭锅炒了西红柿土豆炸酱，用油瓶盖子量着倒油，边炒还边说："这是新电饭锅呢！家里以前的电饭锅坏了，老漏电，我都不敢碰了。是文明办的叔叔给我家新买的。"菜炒好了，面擀好了，莉清要在大铁锅里煮面条。她在院子里拣了一些树枝抱回来生火，没有软柴，莉清就把贴在墙上的奖状撕了一块用来点火。她说家里没纸了，书又舍不得撕掉，原来墙上有她的很多奖状，都用来烧火了。锅烧开了，只见她麻利地把面条切好，一把一把放进锅里。面条煮好后，莉清首先捞了一大碗浇上西红柿酱给叔叔送去，然后又盛了一小碗端给妈妈。尽管面粉扑了一脸，柴划了手，可她始终是满脸灿烂的笑容，边做饭边哼着歌，似乎在享受着这个过程，这个带给家人温暖和慰藉的过程。

说起莉清五岁时学着生火做饭，妈妈的声音哽咽了。那时的小莉清刚学会生火，做饭时不小心把火引到了灶窝里的柴草上，引发了一场大火。火烧到炕上，点燃了被子，妈妈冲着小莉清不停

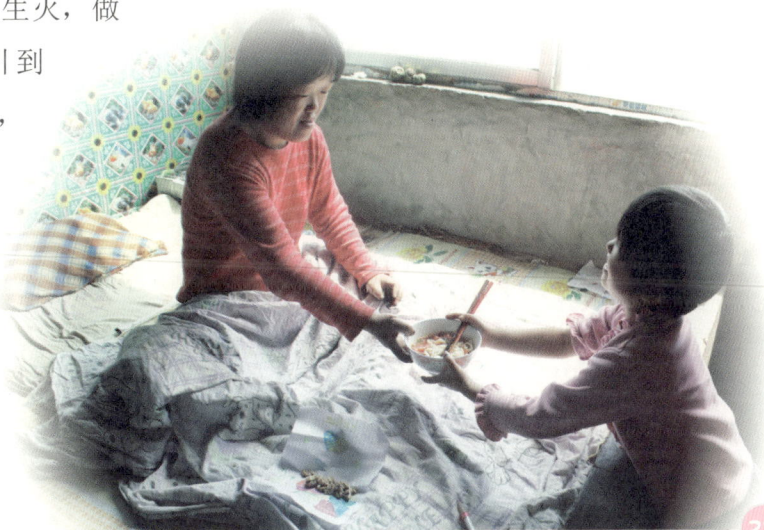

地大喊"往外跑，跑得越远越好，快跑"，可小莉清却拉住了妈妈的胳膊怎么都不肯放开。回想起那时的情景，妈妈说："我把孩子往外赶，我想我就这样死了吧，还能给家里减轻负担，就坐在炕上没有动。我让孩子往远走，孩子不走，非要拉我一起走，孩子哭着说'我不能没有妈妈'，我也哭了，就裹了个被子往外挪。"小莉清说："那么大的火，我的衣服都烧破了，可我要救我妈妈，我要跟妈妈在一起，我不能没有妈妈。后来我就使劲往外拉我妈，还好邻居及时赶来一块儿把我妈拉了出去。"就在小莉清和妈妈脱离火海的那一刻，烧毁的门窗掉了下来，也许再迟一秒，小莉清和妈妈就会被困在火里了。

房子烧了，一家人不得不借宿在邻居家里，在工地做小工的大伯也因意外摔断了腿，一时间，家里有三个人躺在炕上需要人伺候，接二连三的变故让妈妈变得更加自闭起来，爸爸为了逃避现实经常喝得酩酊大醉。懂事的小莉清开始小心翼翼地维持着整个家庭的关系，她总是变着法儿地哄妈妈开心，求爸爸戒酒，更像个小大人似的尽可能把家里收拾得妥妥当当。看着乖巧懂事的小莉清，妈妈渐渐看到了活着的希望，尽管生活有太多的不如意，她还是重新燃起了活下去的勇气。爸爸也一点点找到了生活的方向。

现在，小莉清的学校离家很远，只能在星期天和节假日的时候回家和家人团聚。她最放心不下的就是妈妈，她说："我在家的时候妈妈吃三顿饭，我不在家妈妈吃一两顿。我总想往家跑，我怕妈妈挨饿。"母亲节的时候，小莉清给妈妈写了一封信："妈妈，谢谢您养育我长大，我也知道，我是您的希望。您是我心目中的温暖……虽然咱们家生活情况不好……虽然我可能比其他同学辛苦，但我会努力，好好学习，伺候家人。"她还把学校里发的营养奶都节省下来，一起拿回家给妈妈。

爸爸外出打零工的时候，小莉清要砍柴打水，承担起照顾妈妈和叔叔的重任，还要照顾家里承包的梨树，村里的乡亲们谁不心疼她？在学校里，她各方面都很优秀，说话做事都像个小大人，总能为同学们解决困难，哪个老师不心疼她？当有人问她觉不觉得累，她说："人家孟佩杰，还要背着妈妈上学呢，我还不用背呢。"当有人问她觉得自己和别的孩子有什么不一样，她反问说："有不一样吗？都有自己的爸妈呀。"一个九岁的孩子就能如此坦然地面对这一切，哪一个成年人会不佩服她？因为第三届全国道德模范孟佩杰也是隰县人，人们都叫她"小孟佩杰"。

镜头前面，小莉清总是活泼地笑着，眼睛亮晶晶的，但其实小莉清内心深处有着深深的苦痛，她不愿意总是接受人家的帮助，因为她觉得自己能够做到而不努力去做，一味依赖别人是很丢人的，她总是在心里默默地想：妈妈的病什么时候才能好？一家人什么时候能高高兴兴地团聚？今天过了，明天会怎么样？没人鼓励我，我就自己鼓励自己。为什么我总是想哭？想哭的时候我怎么总是憋不住？

这是一个普通的小女孩儿，她的理想就是当医生，将来能治好自己妈妈的病。她用童年的天真改变了这个家，用稚嫩的肩膀撑起了这片天。

互动留言板

人们常说，家庭是温暖的港湾，但对于冯莉清来说，家庭更多的是一份责任。我惊叹于她瘦弱的肩膀能扛起如此大的负担。希望她能实现自己的愿望。

陈妍君（14岁）

小小年纪的冯莉清，早已挑起家里的重担。她承载着整个家庭的责任，也收获到整个社会的赞扬，希望她能实现当医生的理想，为社会创造更多爱的力量。

胡 溢（14岁）

我的梦想感言
请把你的感想写在这里

插画/ 徐汇中学　　董嘉瑄　（13岁）
吴淞初级中学　　王　如　（13岁）

走进蒙古风情的学霸少女

鄂尔多斯市蒙古族中学　呼尔沁

CHENG ZHANG DE BANG YANG

她业余时间去博物馆当义务讲解员，用汉语、蒙语和英语为大家宣传保护文物的重要性和善待自然的环保理念。她在绘画和民乐演奏方面也很有天赋。

　　说起内蒙古，人们耳畔就会响起"蓝蓝的天上白云飘，白云下面马儿跑"的动人歌声。一望无际的大草原，恢宏壮美的沙漠森林，辽阔的土地，淳朴的民风，这里有着悠久的历史和深厚的民族文化底蕴……这是多少人向往的世外桃源啊。在这片美丽的土地上，有一位女孩用手中的画笔绘制出了她心中的故乡，她就是呼尔沁。

　　呼尔沁是内蒙古鄂尔多斯市蒙古族中学初一年级的学生，成绩优异，爱好广泛，被同学称为"学霸"。她热心帮助学业上有困难的同学，是班里同学的榜样；她学习扬琴，获得中国民族管弦乐学会主办的民族乐器比赛二等奖，并取得了扬琴业余级五级资格；她也是一名公认的体育健将，长跑、排球、游泳、滑雪、射箭都是她的专长；她喜欢读书，家里一半的地方都被她放满了书，小小年纪就已经阅读了三百多本书，包括蒙古文、汉文、英文的儿童读本、名著等。而这样一位同学、老师口中的"学霸"，最得意、最自信的还是她的美术特长。

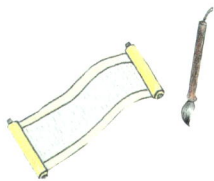

呼尔沁从小就有着画画的天赋，从上幼儿园开始，她就被父母送进了美术班学习。从四岁至今，一直跟随中国美术家协会会员赛音朝克图老师学习绘画。喜欢涂鸦、爱好美术的呼尔沁小小年纪就已经获得第十一届全国少年儿童美术书法摄影大赛、全国幼儿优秀绘画书法手工作品大赛、中国教育学会"奥运在我心中"少儿书画摄影大赛等多个国家级美术比赛的奖项。

她最值得一提的作品是《蒙古骑士》。内蒙古得天独厚的地理环境为呼尔沁提供了创作灵感，也孕育出她独特的审美天赋。这幅作品描绘的是一位骑士骑着马带着鹰在草原上飞驰的画面，表现出蒙古族骑兵的英姿。不论是创意还是色

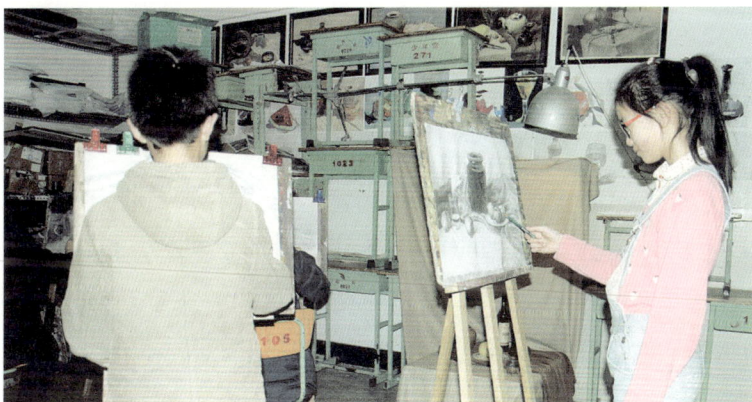

彩搭配，都受到了业内的好评。该作品还入选了中国美术家协会少儿美术艺术委员会主办的2011年第二届东海全国少儿版画双年展作品集，这是相当有含金量的一个奖项。

呼尔沁在学习之余还会进行一些微漫画的创作，比如由她创作的漫画《蛋的故事》就受到了身边同学的好评。呼尔沁说："有一天我在电视里看到动画片《喜羊羊与灰太狼》，我觉得这个故事好有趣啊，于是我也想自己画一部漫画。"这部漫画讲的是蛋蛋们在一起玩耍、一起探险的过程中发生的有趣故事，表现了同伴间的友情和团结，表达了呼尔沁维护正义的精神和愿望。这部漫画在呼尔沁所在小学的画展上展出之后，在同学中引起了不小的轰动，大家都希望她能早日画出续集来。

除了画画，呼尔沁也十分重视社会实践。她利用假期到鄂尔多斯市博物馆当讲解员，用蒙、汉、英三种语言为游客讲解文物，对他们宣传保护文物的重要性。在做志愿者的时候，她经常会遇到许多外地、外国来的客人问她很多问题。看到他们对博物馆里的文物非常感兴趣，呼尔沁也觉得自己身上承担着重要的使命。她十分珍惜这次机会，因为她很想让更多的人喜欢上内蒙古这片美丽的土地。她说："我们

蒙古族人民非常友善，蒙古族还有好多的传统美食，我希望有更多的人能来到这里了解这个神奇的地方。"

呼尔沁的爷爷是内蒙古当地的著名作家，在爷爷的介绍之下，呼尔沁还有幸参演了一部表现蒙古族文化的电视剧，呼尔沁在剧中饰演一位牧羊小姑娘。除了因为她的形象非常适合这个角色之外，呼尔沁认为自己有能力通过这个角色，以蒙古族人的身份向世人宣传保护土地、善待自然的环保理念。

可以说，呼尔沁是一名全面发展的好学生，这位"学霸"最大的梦想是到世界著名学府——哈佛大学进行深造，所以她通过努力学习，英语成绩也非常出色，曾获得2008年ACT全国青少年外语能力交流展示活动全国总决赛小学组银奖。

作为一名在内蒙古土生土长的蒙古族人，呼尔沁最崇拜的历史人物是一代天骄成吉思汗。谈及未来，呼尔沁说自己是一个正在成长的小姑娘，需要家长、老师指导，也需要更多的知识来武装头脑，更需要多接触外面的世界，不断地磨练自己。现在的她并没有想过自己长大了具体要做什么，只想一步一个脚印踏实地走下去。

互动留言板

　　呼尔沁是一个出生在大草原的女孩，这或许造就了她坦承、热情、直率的性格。她勤奋好学，并且在博物馆内当义务讲解员，希望她在实践中得到进步。

黄乐谣（14岁）

我的梦想感言
请把你的感想写在这里

插画/ 宝山区少年宫　　张　弘　（13岁）　　夏淑怡　（14岁）
宝山区罗店中学　　刘竞文　（17岁）

闪耀梦想和使命的暖阳

本溪市第二十七中学 刘倍贝

C H E N G Z H A N G D E B A N G Y A N G

她像暖阳，给老人们孤寂的晚年带来温暖；她像天使，给残疾儿童带去灿烂的笑容。她想在每个人的心田上种下慈善的种子，让爱的雨露洒满人间各个角落。

　　山城本溪冬天的气温很低，积雪覆盖下的街巷，充满寒意。一位老爷爷在车站前的快餐店门口摆着鞋垫摊，天天坐在这里卖鞋垫，被人们亲切地称为"鞋垫爷爷"。他的故事被记者在网上报道之后，引起了很大的反响，全市各界爱心人士纷纷为他献爱心，争买爱心鞋垫，其中也包括来自本溪市第二十七中学八年级三班的刘倍贝。刘倍贝每天在上学途中都会看到这位爷爷，看了报道，她就主动与爷爷交谈了起来。原来，"鞋垫爷爷"是一位生活贫困的老人，没有固定收入，每天都靠卖鞋垫为生。于是，刘倍贝决心要帮助他。第二天，刘倍贝冒着凛冽的寒风，匆匆赶到"鞋垫爷爷"的摊位前，用自己的压岁钱买了五双鞋垫。

刘倍贝对"鞋垫爷爷"的热心帮助，源于她多年来做义工的习惯。刘倍贝成长在一个教育世家，在刘倍贝很小的时候，在残联工作的父亲就经常会带着她去参加一些义工活动。时间久了，刘倍贝爱上了做义工，一有课余时间，她就会和父亲一起前往残联参加各种志愿者活动。她认为，一个新时期的中学生应该是热心公益、具有社会责任感的人。每逢周末，她会准时来到本溪市第一社会福利院看望孤寡老人，这些老年人孤独苦闷的生活状态让她十分挂心。她常常带着自己的手工小制作过去，陪老人聊天，倾听老人们的故事，或者读报纸上的新闻给老人们听。老人们对福利院的工作人员说，刘倍贝就像初升的太阳，给他们孤寂的晚年带来了阳光般的温暖。

刘倍贝除了是孤寡老人们的"暖阳"外，还是残疾儿童心中的"天使姐姐"。有一次，刘倍贝遇到一个残疾的小女孩，她陪她一起做游戏，看到小女孩笑得那么开心，刘倍贝突然觉得心里酸酸的。这些孩子本该有着和她一样快乐的童年，却因为生理上的残疾而失去了很多欢笑。于是刘倍贝身上又多了一份责任，就是要用自己的行动去感染他们。她会和

这些"特殊"的小伙伴们一起交流学习经验，分享她所学到的知识；有时会陪着他们外出，和他们一起感受这个多彩的世界；有时也会协助他们完成特殊的康复训练，期待他们将来能顺利地融入社会。刘倍贝在福利院里看到那么多残疾的孩子，因为她的到来，他们脸上洋溢着灿烂的笑容，她觉得非常有成就感。能为那些远离社会、需要伙伴和关爱的残疾儿童带来生机，也是她义不容辞的责任。

当义工，让刘倍贝懂得了什么是社会责任、什么是关爱。然而刘倍贝认为，做义工不仅仅应该要关爱有困难、需要帮助的人，更要关爱我们身边的环境。她也会经常利用周末，到平顶山、滴水洞等地方拾垃圾，号召身边的同学们和她一起收集废旧电池。2013年，《本溪日报》对她投身公益的事迹做了报道。

由于母亲是初中数学老师的缘故，一直以来，刘倍贝希

望自己长大以后也能成为一名人民教师。在她看来，与妈妈一起探讨习题是一件快乐的事情，妈妈身上有着人民教师的神圣光环。而父母对她的梦想百分百支持，刘倍贝的爸爸说，无论女儿想成为一个什么样的人，他都会无条件支持，最重要的是希望她能踏踏实实地做好一个"人"。

刘倍贝说："作为学生，我收获了知识；作为义工，我懂得了责任。义工服务让我的精神世界得到升华。"虽然现在学业负担越来越重，刘倍贝已经没有太多的时间像以前一样参与义工活动，可她说，到任何时候都不会放弃做义工，会用生命坚守慈善的诺言。

在学校里，刘倍贝是一名品学兼优的好学生。她在一次学校的演讲中这样说道："因为懂得使命，所以慈善；因为慈善，所以挺立；因为挺立，所以有力。世上多一份慈善，人间就会多一个根系，慈善的土壤会越来越肥沃。每人心里一亩田，种桃种李种春风。让我们在心田上植入慈善的种子，我们便会收获善的根系、善的天地。"

互动留言板

刘倍贝在义工工作中懂得了担当和责任，她在传递爱心接力棒，胸中充满梦想和使命，有一颗大爱沸腾的心。

徐康伟（13岁）

她是天使，她拥有一颗纯洁的心，她小小的身体里，好似流淌出一种温暖，这暖流，像微风吹进心田。

龚艺雯（13岁）

我的梦想感言
请把你的感想写在这里

插画/ 浦东新区艺嘉美术　张伊洁　（13岁）　龚艺雯　（13岁）

阳光少年侯天宇

白城市第三中学　侯天宇

C H E N G　Z H A N G　D E　B A N G　Y A N G

当别的孩子还在为棒棒糖和玩具哭泣，年幼的他就开始悉心照顾母亲。令人欣慰的是，生活的艰辛没有带走他的自信，反而令他成长为温暖人心的阳光少年。他的梦想是做一名翻译，向世界自豪地介绍中国文化的博大精深和辉煌历史。

朋友，当你走进我的诗歌

你会发现蓝色的

蓝色的天

在我的眸子中闪烁

洁白的云朵飘成的帆

在我的梦里

静静地漂泊

这是吉林省白城市第三中学一年级学生侯天宇的一首小诗。

说起侯天宇，无论老师、同学还是妈妈，都是赞不绝口。他小小年纪就以良好的思想品质、优异的学习成绩和全面发展的综合素质成为白城市青少年的杰出榜样，曾担任吉林省第三届红领巾理事会主席。他是当时白城市小学生中唯一担任这一职务的少先队员。

侯天宇的爸爸妈妈都是工人。在天宇六岁的时候，因为企业改制，爸爸下岗，妈妈退休。铁饭碗突然没有了，原来和谐幸福的家庭维持生计都出现了困难。那时候，爸爸有心脏病，却还得只身到长春去打工；妈妈得过脑梗，不得不留下来一边照顾小天宇，一边找点临时工作。一个生活拮据的家庭，在残酷的现实面前，显得那么无奈、无助。因为妈妈四十三岁才冒着风险生下了他，随着时间的推移，妈妈总是担心，自己和丈夫年纪越来越大，身体又不好，不知道哪一天会突然遭遇不测，不能继续陪伴小天宇。

天宇读小学二年级那年的冬天，一天下午放学时，北风呼啸，大雪纷飞。妈妈顶风冒雪拉着小天宇步行往家走。走着走着，妈妈突然感觉头痛欲裂，还一阵儿一阵儿地犯迷糊，原来妈妈因为得过脑梗，脑部血管受不了风雪天气里的严寒。母子俩相互搀扶着勉强回到家，小天宇扶妈妈躺下，一边用湿毛巾给妈妈敷在额头上，一边张罗着做饭。小天宇第一次做饭失败了，饭烧糊了，连锅子都烧变形了，但是妈妈感动地抱着他说："你真是世界上最懂事的孩子。"小天宇看着病痛中的妈妈，和她一起流下了眼泪。

小天宇的懂事总是让爸爸妈妈感觉到温暖，而这个家也是因为他的存在而变得阳光、乐观，充满着欢笑。

天宇对周围的同学也充满了爱心。和他一起上辅导班的一名同学因为患有先天性紫

癖，经常缺课，他便和妈妈商量利用晚饭后的时间去给这位同学补课。从四年级到六年级，无论刮风下雨，只要同学缺了课，他都会主动去给他补课。在他的影响下，辅导班的老师和同学还组织了一支爱心团队，一起去帮助这位同学。

在学校里，他是个品学兼优的好学生。从小学到初中，每年的班级大考他都能名列前茅，从白城市优秀少先队员，到吉林省首届校园主持人大赛（小学组）总决赛一等奖，他收获的奖状可以铺满一张床。妈妈说起小天宇来，自豪感溢于言表："在学习班儿，他下课向我走来的时候，我觉得特别骄傲。和孩子走在一起，我都觉得我是借了儿子的光了。"除了成绩好，他在主持方面也特别有天赋，在素质教育基地组织的篝火晚会中，他轻松的主持风格让在场的老师和同学们都啧啧称赞；在建党90周年文艺汇演中，他的主持让在座的领导们都竖起了大拇指；他主持青少年模拟法庭，俨然一个小法官的样子……除了主持，他还参加过大大小小各种演讲比赛，并且都取得了骄人的成绩。说起演讲和主持，小天宇的眼睛亮晶晶的："我对这个挺感兴趣的。主持、演讲都是我自己报的班儿。一眨眼，时间就过去了。虽然有时候有点累，但是这样我觉得很充实。"

现在天宇已经是一名初中学生了，学习生活紧张忙碌了很多。早上六点十分，天还没亮，天宇年近六十的妈妈已经在厨房为儿子准备早饭。这时的天宇也已经起床，洗漱完毕，照例帮妈妈做一些力所能及的家务活儿。吃好早饭，天宇便拿出英语书复习前一天学过的功课，这可是他英语成绩名列前茅的秘诀。六点五十分，天宇背上沉沉的书包出门上学了。走在路上，他不时揉一下眼睛，似乎还带着困倦，但坐在教室里，小天宇好像一下子来了精神，工工整整地抄写，大声地朗读，下了早自习又帮着老师收作业。升旗仪式上，他是主持人，脸上带着自信的微笑，声音悦耳，口齿清晰。今天的语文课上，他的作文又被老师拿来当范文，他朗诵给同学们听，同学们都喜欢听他的朗诵。课间，同学们喜欢围在他旁边，问问功课、聊聊天。上课前，他还要给下一节课上课的老师准备好投影仪器。放学的时候，天已经完全黑了。小天宇和同学一起走出校门，回家，吃饭，写作业。这时，又有同学打来电话问功课。做完功课，他还要给爸爸发短信，告诉爸爸，他很想爸爸，他说："在外面不要太劳累，要注意身体。挣多少钱是次要的，身体才是最重要的。"说到这里，这个脸上一直洋溢着灿烂笑容的阳光少年，忍不住用手揉了揉眼睛。

侯天宇一家受到了社会许多爱心人士的帮助，感谢之余，他将这些爱默默收藏在心里，化作自己勇往直前的无穷动力。天宇的理想是当一名翻译，通过自己充满激情和自豪的语言，向国际友人介绍祖国文化的博大精深和举世瞩目的发展成就。妈妈说，希望天宇能实现自己的理想，回报所有关心过他的人。天宇则希望能通过自己的努力，将这一份爱心传递下去。

他的阳光、向上、灿烂的笑容和对身边每一个人的关爱，已经感染了认识他的所有人。你看，在他的诗里，有梦想，有远方——

互动留言板

侯天宇同学在家照顾妈妈，在学校照顾有困难的同学，自己的学习成绩还这么好，真不容易，我们都应该向他学习。

王 亮（12岁）

侯天宇同学是一个自强不息、充满爱心的人。他付出爱，也收获着别人的爱。希望这份爱能够一直传递下去，希望侯天宇灿烂的笑容能感染更多的人。

冯昊宇（11岁）

我的梦想感言
请把你的感想写在这里

插画/ 奉贤区华亭学校　　　　盛婷宜　（14岁）
　　　奉贤区青少年活动中心　彭笑颜　（10岁）　戎心怡　（10岁）

小发明家有大梦想

哈尔滨市第三十五中学　王泽宇

C H E N G　Z H A N G　D E　B A N G　Y A N G

他勤于实践，努力探索；他热爱发明，兴趣广泛；他热心公益活动，是一名环保志愿者，他是东北林业大学绿色使者志愿者协会会员并连续七年暑假期间参加野外素质拓展和环保活动；他是心怀大梦想的小发明家。

寂静的夜，颗颗星斗越发耀眼起来，在那遥遥星河之外，有多少我们未知的奥秘？就算是脚下的地球，我们又能知晓多少呢？黑龙江省哈尔滨市第三十五中学初三（6）班的王泽宇每天都在思考着这些问题。王泽宇的兴趣爱好非常广泛，而尤其热爱钻研发明创造的他，有着一个大大的梦想：要通过自己掌握的知识本领，去探索发现未知的领域，去造福人类。

◀ 从小就是个多面手

画画、游泳、滑雪、飞镖、素拓、英语、科研发明、宇宙奥秘、文学……这些对王泽宇来说，没有一样不痴迷的，他很难割舍其中的哪一个，因为他从小就特别喜欢这些。

第九届"冰雪情全国师生书画摄影作品邀请展"银奖、哈尔滨市"优秀青少年飞镖运动员"称号、全国中学生英语能力竞赛三等奖、学校阳光美德少年"尊敬师长之星"、"英语希望之星"黑龙江赛区哈尔滨市优秀奖、区"文明青少年"称号……在这些荣誉的背后，都离不开王泽宇的天赋与辛勤奋斗。不过，王泽宇说，他现在还是最喜欢画画，他常常会在休息时间在课本上涂鸦，这也是这名初三学生的一种特有的放松方式吧。

2007 年 8 月，王泽宇在北京参加李阳疯狂英语培训，他以出色的成绩在几千名包括小学生、初中生、高中生、大学生和成人的学员中脱颖而出，被评为优秀学员，并成为唯一一名上台领读的学员。

发明创造是他的特长

王泽宇热爱科研发明，经常研读宇宙奥秘、文学等课外读物，2010 年他参加了黑龙江省发明协会青少年发明家联合会，学习科研方法。他曾经做过一个关于"如何消减土地 pH 值"的创新发明，为此还赴北京参加了中国宋庆龄基金会和中国发明协会举办的比赛，与专家评委们一起交流了研究的思路，经过了三天的比较评判，最后他获得了第九届宋庆龄少年儿童发明奖铜奖。说起这个比赛，王泽宇至今还兴奋不已，他说："这是我赚得的人生的第一桶金——500 元。我希望今后能取得更加优异的成绩，造福人类！"

作为发明家联合会的成员，王泽宇每周都要到老师家里去做一些研究。王泽宇不好意思地说："其实我的很多发明灵感，都是从去老师家得来的。"每次在老师家做完实验，王泽宇都要负责帮助老师打扫房间，他觉得每次这样来回擦地太麻烦了，而且他认为无处不在的细菌是没有办法消灭的。带着这样的想法，王泽宇研究出了一套"便携式杀菌消毒装置"，既能方便打扫，还能起到消毒的作用，一举两得。然而，正是这样一个小小的发明，被自己的老师送到法国去参赛，并且在 2013 年一举夺得了第十七届法国国际青少年创新大赛铜牌。

◀ 从未停下公益的脚步

王泽宇还是一名环保志愿者，注意社会实践能力的培养，多次参与到环保活动中，乐于奉献，热心公益活动。王泽宇的妈妈是黑龙江东北虎林园的一名工作人员。2006 年，他陪同妈妈去北京参加全国青年环保大会，受妈妈的

影响，回来后他成为了东北林业
大学绿色使者志愿者协会的一名
会员，多次去黑龙江东北虎林
园担任"导游员"、"饲养员"，
并学习了东北虎科普知识，认
识到保护野生动物，其实就是
保护人类自己。

王泽宇连续七年暑假期
间参加野外素质拓展和环保活
动。王泽宇印象最深的就是有
一年到新加坡参加了乐龄社区义
工服务活动和领袖培训坊活动，在
那里有一个关爱老年人的社团，每天
他们社团里的成员都会到小区里面打扫卫
生，与那里的外国友人交流。

他还是一位乐于奉献、热心公益活动的学生，2009 年在
伊春认养了两棵红松；2010 年至今，连续四年与饶河县赫哲
族小朋友联谊；2012 年还参加了希望工程助学捐画活动。

如今的王泽宇，正在不断地为梦想而努力。他相信，天
生我材必有用，学习，本身就需要去学以致用，不能把这精
髓传承，学习本身也将黯淡无光。他说："人这一生犹如花
开花败，功名利禄生不带来，死不带去，我为中国进步而读书，

为人类科技探索而读书，为世界创新开拓而读书！"

互动留言板

画画、游泳、滑雪、英语……王泽宇同学有这么多的特长，真是让人叹为观止。不过最让人佩服的是他创造发明的天赋和他热心环保公益的精神。让我们一起向他学习。

顾一欣（14岁）

我们只有一个地球，我们要爱护它，珍惜它，这就是王泽宇同学的故事带给我的感受。

梁家颖（12岁）

我的梦想感言
请把你的感想写在这里

插画／ 奉贤区光明学校　　　　狄邢辰　　（12岁）
　　　　闸北区青少年活动中心　蒋雯颖　　（14岁）

行走在机器人世界里的少女

上海市大同初级中学　黄雨辰

CHENG ZHANG DE BANG YANG

也许，最初连爸爸妈妈也不会想到，长大后的黄雨辰居然真的走进了VEX机器人的世界里，还在那里收获了知识、历练和能力。梦想就是这样一种不可预计的力量，难道不是吗？

　　如果不是亲眼所见，你一定很难相信，这样一个文静娴雅的小女孩，却是机器人世界锦标赛的冠军。

◀ 小女孩的大梦想

　　一切都源于七岁那年。

　　一次偶然的机会，黄雨辰在电视上看到 VEX 机器人世界锦标赛的实况转播。电视屏幕上的机器人时而加速前进，时而腾挪转移，完成了一个又一个复杂的动作，这让黄雨辰感到既新奇，又兴奋。小小的她对爸爸妈妈说："我长大了也要去参加这个比赛！"爸爸妈妈自然是开心地答应她。

　　日子久了，家里谁也没有再提起机器人的事情。可是长大的黄雨辰竟然没有忘记这个七岁时的愿望，小女孩一步一个脚印，朝着自己的梦想前进。三年级的时候，黄雨辰参加了上海市黄浦区青少年科技活动中心的"搜救编程机器人"团队，仿佛梦想的种子找到了生根发芽的土地，黄雨辰在这片天地里展示出了她不同寻常的努力和天赋。2011 年，就在 Robocup 机器人世界锦标赛中夺得了冠军。

VEX 梦想成真

Robocup 冠军不是终点，而是继续攀登的起点。因为那个 VEX 机器人、七岁时看见的电视画面，已经定格在黄雨辰的脑海里，是她一直以来追寻的梦想。

也许是命运的安排，升入初中后，黄雨辰居然发现学校里有 VEX 机器人的团队，而且 VEX 机器人教室就在隔壁！黄雨辰再也忍不住了，她激动地找到带教老师，经过和老师的软磨硬泡，她终于如愿以偿成为了一名机器人团队的队员，一名真正的 VEX 玩家！

入队后，黄雨辰发现，VEX 原来是一项遥控机器人比赛项目，要求参加比赛的代表队自行设计、制作机器人并进行编程。参赛的机器人既能自动程序控制，又能通过遥控器控制，并可以在特定的竞赛场地上，按照一定的规则要求进行的比赛活动。这和她原来学习的编程完全不同，比的是操控能力、判断分析

能力、即时应变能力，有时候，甚至还需要幸运女神的眷顾。

◀ 战胜困难先要战胜自己

接二连三的困难就这样不期而至。

黄雨辰发现自己和团队的其他成员差了一大截：在机器人操控能力上，男队员可以说有天生的优势，摆弄起来游刃有余；在语言表达和团队指挥上，老队员又显得沉稳老练，掌控全局。这让黄雨辰最初的兴趣一点一点被吞噬，畏难情绪也时不时地来"敲门"。

一天，因为她的反应不够快，耽搁了训练任务。队友急了，劈头盖脸地就是一顿埋怨："你怎么连这也不知道！""这么慢简直是拖我们的后腿！"黄雨辰听了，眼泪一直在眼眶里打转。回到家后，肚子里的各种委屈和不服冲破了泪堤，她哭着对爸爸妈妈说："我再也不要去参加什么机器人活动了！"

不过，如果真的就此罢手，那不就是和梦想渐行渐远了吗？哭过之后，黄雨辰在爸爸妈妈的支持下，在老师和同学的鼓励下，重新燃起了信心：一定要找到自己的突破口，在梦想的路上再前进一步！

她开始仔细观察团队里的每个队员，并一一和自己进行比较，看看每个人的特长在哪里，自己又该如何在团队中发挥最好的作用。同时，她苦练基本功，从科技英语和操控技术两方面不断

磨练自己：她认真书写"工程日志"，熟悉机器人各部件的英语名称和作用；积极锻炼口语表达能力，练习准确迅速地发出操控指令。渐渐地，黄雨辰在团队中脱颖而出。

一个 VEX 团队，一般需要三个队员：一个操控手、一个翻译和一个总指挥。老师发现，综合能力日渐显露的黄雨辰，原来是块总指挥的好材料！这时的黄雨辰也越来越自信，以她的思维、表达水平和团队协作能力，能在总指挥的位置上得到充分发挥。

◀ 国际赛场崭露头角

第二次走上 VEX 的赛场，黄雨辰坚定而自信，她要和她的团队一起，刷新在世界锦标赛上的纪录。上一次是一年前，他们获得了亚太区的亚军，而今年，他们要向更高的目标迈进。赛场上，来自全世界的选手摩拳擦掌，各显神通。黄雨辰除了是现场的统帅，更负责了前期所有英文比赛要求的翻译和解释工作。

荣誉仿佛从天而降，而背后的稳扎稳打、长年苦练，只有身在其中方能知晓。当这些来自中国的学生们捧走了 VEX 世界锦标赛冠军的奖杯时，吸引了各路媒体的目光，各家报纸争相报道，黄雨辰也接受了《环球时报》的访问，向世人介绍学生 VEX 世界的魅力。

也许，连爸爸妈妈也不会想到，长大后的黄雨辰居然真的走进了 VEX 机器人的世界里，还在那里收获了知识、历练和能力。梦想就是有这样一种不可预计的力量，难道不是吗？

互动留言板

梦想的实现需要非凡的毅力。其中的快乐与沮丧只有自己才能体会。你是女生中的"时代超人"！

季若茗（11岁）

真羡慕黄雨辰姐姐，我也很想去机器人的世界里走一走、看一看！

陆一凡（9岁）

我的梦想感言
请把你的感想写在这里

插画／奉贤区四团小学　　　　　孙思雨　　（10岁）
　　　　快乐营儿童美术创意中心　季若茗　（11岁）
　　　　奉贤区泰日学校　　　　　孙圣雪　（12岁）

为慈善展翅的雏鹰

南京市夫子庙小学　姜志恒

C H E N G　Z H A N G　D E　B A N G　Y A N G

他以自己的名字成立了"姜志恒慈善基金"，他与一所条件较差的山区小学建立了"手拉手"联系，为他们捐赠图书、教具和校服。他是一名小学生，一只为慈善展翅的雏鹰。

在 2009 年的一天，一位母亲在翻阅报纸时，注意到了报纸上一则关于个人可冠名慈善基金的信息。在阅读了相关内容后，当晚，这位母亲和她当时还在上小学一年级的儿子进行了一次简短而有效的交流。几天后，以儿子的名字命名的基金——"姜志恒慈善基金"成立了。

那时刚上小学一年级的姜志恒实在是太年幼了，对于在妈妈的帮助下成立的"姜志恒慈善基金"的概念还相当模糊，甚至对于"慈善"二字所包含的意义也都不太清楚，他所知道的，不过是妈妈告诉他的简单易懂却又意义深远的一句话："你做的这些，都是在帮助那些需要帮助的人。"

自此，这个年幼而善良的孩子心里埋下了一颗名为"慈善"的小小种子，这颗小小的种子随着姜志恒的成长也慢慢生根发芽。每一年的寒假，姜志恒都会把自己拿到的压岁钱捐入他的"姜志恒慈善基金"。在2011年的3月，姜志恒获得了学校颁布的第一届"仁爱"奖章及奖金。之后，他第一时间把奖金捐给了慈善基金。他用自己绵薄却坚定的力量维护着这个基金，他希望那些有困难的人，能够受到他微小的帮助。

姜志恒曾在《金陵晚报》上读到了湖南省湘西土家族苗族自治州古丈县龙天坪小学办学困难的消息。姜志恒了解到，龙天坪小学是一所山区留守儿童小学，学校办学条件艰苦，整个学校只有一、二、三年级和一些还处于幼儿园阶段的孩子们，这些孩子们求学十分不易。事隔多年，姜志恒与妈妈再次进行了交流。这次交流过后，姜志恒与龙天坪小学建立了"手拉手"扶贫关系，他向学校捐赠了新的图书和教具。一个月后，姜志恒又为龙天坪小学的孩子们寄去了春秋季的校服和新的学习用品。

不久，龙天坪小学的黄老师给姜志恒发来了孩子们身着新校服的照片，黄老师还发来短信告诉姜志恒：学校的孩子们每天穿着崭新的校服，他们都高兴极了！有一个孩子在家洗完澡后也舍不得换下校服。读过短信的姜志恒深刻感受到了这短短几行字中表露出的孩子们的喜悦，他因这些孩子的喜悦而喜悦。于是，他又定制了一批新款的夏季校服寄到了龙天坪小学的孩子们手中。

为了能更好地开展慈善公益活动，早在小学一年级假期期间，姜志恒和小伙伴成立了"棒棒糖"雏鹰小队。几年间，这一群小雏鹰们先后开展了许多公益活动：参加《快报》组织的"征集100个爱心书包"活动；重阳节探望生活困难的老爷爷老奶奶；走进儿童医院病房，去探望患白血病的儿童；邀请贫困生一起游览上海世博园；从2010年开始，每年参加市红十字"金陵宝宝博爱资金"送温暖活动，资助了几十位重症儿童和贫困孩子。

在雏鹰小队进行了一段时间"手拉手"资助贫困生的活动后，小队成员决定调整资助策略，从对单一对象进行资助，调整到每年针对不同的贫困生进行资助。这时，姜志恒做了一个决定，他决定在和雏鹰小队一起开展慈善活动的同时，继续资助小队原本的资助对象。由此可见，姜志恒这只在慈善的天空翱翔的小小雏鹰，已然拥有了越来越广博的胸怀，而这位由姜志恒资助的学生，已于2014年顺利地升入了高中。

对于慈善公益事业，姜志恒曾说出这样的一段话："生活在新时代的我是幸福的，衣食无忧，能在宽敞明亮的教室里学习知识，接受教育，但在我或大家的身边，总会有不幸的家庭和可怜的孩子。在父母的教育下，从小我就知道，人人都享有平等的受教育权。所以，我的心愿是在力所能及的范围里，能让更多和我差不多年纪的小朋友都有书可读，有学可上，能和我一样每天在课堂里听课学习。"

姜志恒
慈善基金

姜志恒就是在这样的憧憬下确立了自己的理想，他说："我希望长大后，能成为一名光荣的人民教师，教书育人。为了实现这个理想，现阶段，我的主要任务就是学习，掌握有用的知识，不光是课堂上的知识，还有许多从课堂上学不到的知识，这些知识都是需要从课外实践中获得的，因为生活来源于实践，实践出真知。鲲鹏行万里，我不缺理想，不差志气，但要实现这个目标，我知道自己未来要做的事还有很多，要走的路还很长。在通向理想的大道上，我会一直坚持奋斗，不达目的不罢休，要让自己人如其名，做一个有志向、有恒心的人。"

在姜志恒的成长道路上，他的母亲就像一位园丁，在他的心中栽种下最初的慈善种子，并且细心浇灌，时刻为姜志恒答疑解惑。当被问到，对于自己孩子的未来有怎样的希望时，姜志恒的母亲是这样回答的："对于姜志恒的未来，我并没有什么苛刻的要求，我只希望他能够把自己现在做的事一直坚持下去，希望他能一直坚守自己的理想，成为一个社会的有用之才。"母亲的心愿总是这般朴实而令人感动，在感叹姜志恒的优秀的同时，这样的一位母亲也不得不让人心生敬意，正是她的积极引导，才有了今日这位品学兼优的孩子。

读书小榜眼、我能行俱乐部积极分子、三好学生、升旗手、文明小使者……有着众多荣誉称号的姜志恒正以十足的精神与毅力努力使自己的羽翼丰满。总有一天，这只雏鹰，将长成一只能够搏击长空的猛禽，携着一颗慈爱的心，飞向自己梦想的那一片天空。

互动留言板

姜志恒小小年纪就成立了自己的慈善基金，为有需要的人奉献爱心，真是不简单。

黄晓洁（10岁）

看了姜志恒的故事，我要向他学习，节约零花钱，存起自己的压岁钱，去帮助更多生活、学习条件艰苦的小朋友们。

赵一铭（12岁）

我的梦想感言
请把你的感想写在这里

插画／奉贤区青少年活动中心　施迪文　（10岁）
奉贤区光明学校　　　李　都　（10岁）　陈玉娴　（10岁）
　　　　　　　　　赵星月　（10岁）

坚强勇敢的小人鱼

慈溪市上林初级中学教育集团　姚攒

CHENG ZHANG DE BANG YANG

勉强能走路的她是一位身残志坚的乐观女孩，她坚持读全日制的普通学校，成绩优秀。她在游泳方面表现出极强的天赋，获得过世界级的冠军。她一边刻苦训练，一边不放松学习，坚强乐观的她正向着高峰一步步攀登着！

◀ 从小学会独立

在地面上，她是一个肢残三级、上下楼梯需要人背的普通残疾人；而在水里，她却摇身一变，如小鱼般轻快、自由地穿梭在水中。她就是上林中学的姚攒。

这是一个充满灵气的美丽女孩，也是一个身残志坚的乐观女孩。姚攒出生时就显得有些与众不同，背上生了一个囊肿一样的东西，但家人并没有太在意，还开玩笑说是"猴子尾巴"。直到小姚攒五个月大时还不太会动，家里人才觉得有些不对劲，一查发现原来是脊椎膨出。

"因为尾椎上囊肿越来越大，压迫到了神经，也影响到了姚攒的行走能力。"姚妈妈回忆说。她带小姚攒做了四次手术。五岁那年，姚攒从宁波的康复中心回来后，直到十岁

前才勉强能够走路，现在都要靠同学搀扶。为了让孩子学会
独立，妈妈对女儿很严厉，她说："十三岁以前我就让她自
己的事情自己做，有时候她在前面走，我跟在后面，摔倒了
我也不扶。"对此，姚攒说："小时候还是会生气，想妈妈怎
么这么坏。长大以后才明白妈妈是为了让我独立。"

　　在妈妈的坚持和鼓励下，姚攒和普通的孩子一样，读着
全日制的小学、初中。班上同学被姚攒身上的坚强乐观打动，
女孩们自发组织在下课期间照顾姚攒的生活，班里的男孩子
也会自发地前后护卫她，成了校园中一道亮丽的风景。

◀ 小鱼初试水

　　2009年夏天，妈妈去游泳馆游泳，把姚攒也带去了。姚
攒在泳池边看着妈妈游泳，一脸羡慕的神情被妈妈看在眼里。
"想游吗？"妈妈询问，小姚攒点了点头，于是妈妈就让姚
攒套上一个游泳圈下到水里。由
于从小独立惯了，姚攒的胆子
也大，一下水就往深水区钻。
妈妈看姚攒很喜欢水，而
且觉得游泳对脚也有好处，
就联系了宁波市残联，找
到了专门给残疾孩子游泳
锻炼的地方。在上林中学

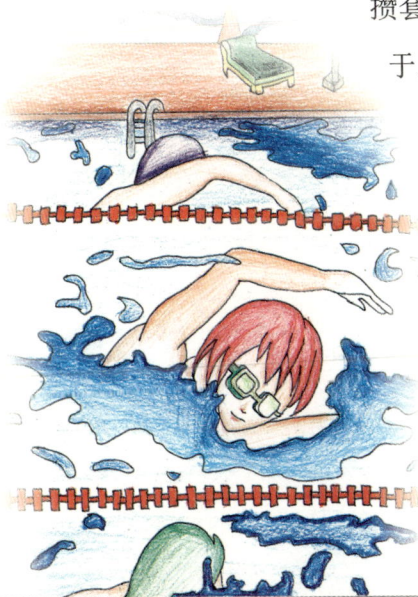

读初二的姚攒似乎天生与水有缘，她很快掌握了游泳的基本要领。

当时，恰逢宁波市第七届残运会举行在即，姚攒就被选上参加市里的集训。在集训的日子里，姚攒从起初的陌生、有点害怕到后来逐渐习惯。她在游泳中极强的天赋也显露出来，她在宁波市第七届残运会上拿到了三枚金牌。

她受过伤，摔破膝盖。但说到在泳池里的感觉，姚攒说："就是喜欢待在水里，我可以想去哪里就去哪里，行动也更方便了，不用人搀扶就能自由自在、随心所欲地游到任何地方。"

和普通人一样生活

为了参加 2011 年 10 月在浙江举行的全国第八届残疾人运动会，从 2011 年的上半年开始，姚攒开始了半天学习半天训练的艰苦生活。姚攒游泳上艰苦训练，学习上也不忘奋力拼搏。带着期中考试全班前十名的好成绩，姚攒参加了第八届全国残疾人运动会，获得了一金一银三铜的优异成绩，并打破了全国纪录。

载誉归来，姚攒最感激的是父母对自己的关心和照顾、老师和同学对自己的帮助。"人生之路，难免会有崎岖和坎坷，虽然我双腿行走不便，但我是幸运的，我得到了无数人的关心和帮助，我始终

觉得我过着和普通人一样的正常生活。"这是姚攒经常挂在嘴边的一句话。

在一次国旗下讲话中,姚攒讲述了自己的成长经历和获奖感受,字字句句都透露着小小年纪对社会、对身边人的感恩,感动了在场认真倾听的所有师生,学校也掀起了一股"向姚攒学习"的文明之风。

◀ 小人鱼的残奥梦

由于成绩突出,姚攒入选了国家 2012 伦敦残奥会的集训队,然而,在比赛前期的伤残鉴定中,她出人意料地因等级认定与残奥会擦肩而过。得知这个消息,班主任马老师马上打长途电话给身在北京的姚攒,一是为了安慰她失落的心情,更重要的是为了让她重塑信心。然而,坚强乐观的姚攒却开心地对老师说:"马老师,你放心,我不难过,我会更加努力的!我要成为下一个张海迪。"

就在 2013 年 9 月的世界轮椅运动会上,姚攒在 100 米自由泳、400 米自由泳、4×50 米接力赛中均获金牌,在 100 米仰泳中获得一枚铜牌。紧接着在 2013 年 11 月的全国残疾人游泳锦标赛中,姚攒又获得了三金二银一铜,坚强乐观的姚攒正在勇攀一个又一个的高峰。姚攒表示,虽然自己已经取得了很多比赛的冠军,有了一些成绩,但在她的心目中,还有很多的奖牌,等待她努力去摘取。作为一名运动员,站在领奖台上，一次一次看着五星红旗缓缓升起，是姚攒一直梦想的场景。

互动留言板

她身体残疾，但乐观开朗，经过艰苦的练习，获得了成功，她的事迹鼓舞着同学们向更高目标前进。

徐康伟（13岁）

姚攒的坚强，掩埋了她的残缺，反而变成了一种完美。

龚艺雯（13岁）

我的梦想感言
请把你的感想写在这里

插画/ 浦东新区艺嘉美术教育　张伊洁　（13岁）　徐康伟　（13岁）
龚艺雯　（13岁）

赠人玫瑰，手有余香

阜阳市清河路第一小学　徐瑞泽

C H E N G   Z H A N G   D E   B A N G   Y A N G

不买生日礼物、不买生日蛋糕，用省下来的钱帮助身患脆骨病的"瓷娃娃"。这是一位有一颗金子般善良的心的孩子，他的梦想是成为一名有担当的企业家，不为别的，只为能有更强大的帮助别人的力量。

　　"每个人都有自己的梦想，我也有许多渴望实现的愿望，比如去海边游泳、去高山滑雪……但埋藏在我心底不曾说出的梦想却是我想成为一位有担当的企业家。"这是阜阳市清河路第一小学六年级的一位名叫徐瑞泽的少先队大队长说出的心愿。也许有人会觉得奇怪，一个小小年纪的孩子，为什么会说出"想成为一位有担当的企业家"这样的豪言壮语呢？让我们一起来听听徐瑞泽同学梦想宣言的由来吧！

　　那年，在爸爸妈妈的悉心教导下，不满九岁的徐瑞泽已经能够认识许多汉字了，正处于阅读欲十分强烈的阶段，闲来无事的时候，徐瑞泽就会把家中爸爸妈妈订阅的报纸拿出来翻阅。一天，徐瑞泽又拿起报纸认真阅读起来，一则报道引起了他的注意。

这是一则关于一个罹患脆骨病、名叫凤霞的女孩儿的报道。报道中描写到：年纪尚幼的女孩儿凤霞因病被大家称为"瓷娃娃"。"瓷娃娃"每天都在承受着疾病的摧残，一不小心，她身上的骨头就会发生断裂，常常需要被送往医院治疗。但由于病症的反复发作与难以治愈，女孩儿家中已一贫如洗，再也无力支付治疗所需的高昂费用。

那一天离徐瑞泽九岁的生日不过几天，当晚，等爸爸妈妈都回到家中后，徐瑞泽提出了一个让自己的父母十分吃惊的想法，他对爸爸妈妈说："过生日的时候，我不要买生日礼物，也不要买生日蛋糕了，我想把省下来的钱送给报纸上的那位'瓷娃娃'，希望能够帮助她继续治疗。"

听完徐瑞泽的想法，爸爸妈妈一阵欣慰，他们为自己的孩子能够有这样的品格而感到高兴。不久，在报道方的帮助下，徐瑞泽终于有机会与"瓷娃娃"凤霞见面了。

饱受疾病摧残的凤霞如一朵将要凋零的花朵，她那羸弱的身体被横七竖八的支架固定在病床上，徐瑞泽为眼前所看到的景象所动容，他走上前去看着女孩被疾病折磨得无一丝血色的脸，问道："你疼么？"女孩儿听了他的话，轻轻点了点头。徐瑞泽为了减轻女孩儿的疼痛，一直陪

女孩儿聊天，他还给她唱起了自己新学的歌，用歌声鼓励女孩儿与病魔抗争。在徐瑞泽的努力下，女孩儿苍白的脸上终于绽放出了笑容，这笑容里饱含着她对这位小男孩所做一切的感谢。临走前，徐瑞泽把自己用"不买生日礼物、不买生日蛋糕"换来的红包留给了"瓷娃娃"。虽然，与高昂的治疗费用相比，徐瑞泽留下的救助金实在不算很多，但他却把希望与祝福留给了躺在病床上的女孩儿。

回家后的徐瑞泽一直无法忘记绽放在"瓷娃娃"苍白脸颊上的那个笑容，那个笑容让徐瑞泽有了坚持做公益的梦想。

因此，徐瑞泽才会拥有"想成为一位有担当的企业家"这样的梦想，他说："也许会有很多人觉得，一个孩子有这样的愿望有些太大，我也知道自己离这个梦想有着遥远的距离，但我会为梦想而努力的，因为自从我第一次帮助别人，我就开始了解自己力量的渺小。一个患脆骨病的小女孩儿需要巨额手术费，而我却只能送给她我存的几百元钱，看着瘦骨嶙峋的她无力地躺在病床上，我希望自己是可以创造财富的企业家，这样就能给予她更多的帮助了。在这个社会上，有太多的人需要帮助，需要有人为他们擦去泪水，而我希望自己长大后能成为这样的一个人。为了实现这个梦想，我一直在努力学习，练好本领，也在做一些有创造性的实践活动。为梦想，我坚持！"

就像徐瑞泽所表的决心——为了梦想，我坚持！徐瑞泽在用心学习、积极参加各项社会活动的同时，他从未将帮助他人、支持公益的事从心头放下。

2013 年，徐瑞泽得知，在阜阳市的农村有一所留守儿童学校，在那所学校里读书的孩子，他们的爸爸妈妈都外出打工去了。其中的一些孩子和爷爷奶奶生活在一起，而另外一些孩子，他们的家中无一个亲人长辈，仅依靠着比自己大不了多少的哥哥姐姐生活，甚至有一部分孩子是独自一个人被留在了那里。徐瑞泽在了解到这些情况后，马上用自己积攒许久、一直舍不得花的压岁钱，给全校一百多名学生每个人买了一份文具。他亲自将那些自己精心挑选的文具送到同学们手上，同时还给他们送去了糖果，他还和那些久缺关爱的孩子一起游戏玩耍。那一天，欢声笑语溢满整个学校，同学们激动而真挚地说道："今天真幸福啊！这么漂亮的本子、尺子、笔、橡皮，还有好吃的糖，真是太甜啦！大哥哥真好！"看到他们的笑脸，听着他们的笑声，没有吃糖的徐瑞泽，心里也是甜甜的。

看到自己的孩子能够拥有这般高贵的品格，徐瑞泽的妈妈感到十分欣慰，她说："徐瑞泽是一个性格特别阳光开朗的孩子，从小他便特别喜欢做一些帮助他人的事，我希望这样的一份品格能够一直伴随着他成长，对我而言，这比任何过人的成就都来得重要。"

快乐是什么？就是赠人玫瑰，手有余香。徐瑞泽同学就是一位手捧玫瑰花束的人，他把自

己辛苦栽种的花朵，毫无保留地一朵朵送给他人，他看着那些得到花朵的人脸上那会心的笑容，便觉得无比快乐与幸福。

互动留言板

我对徐瑞泽同学的奉献精神特别崇敬。徐瑞泽阳光、热情，他去农村看望留守儿童，给他们送去礼物，和他们一起做游戏，给他们带去了欢乐和幸福。

章　晓（14岁）

徐瑞泽同学热心帮助别人，时时想把自己的东西跟有困难的小伙伴分享，我觉得这点很难得，很让人敬佩。

宁浩舟（11岁）

我的梦想感言
请把你的感想写在这里

插画/ 黄浦区曹光彪小学　　　戴昊晟　　（11岁）
闸北区青少年活动中心　　金雯琪　　（13岁）　颜思琦（13岁）
　　　　　　　　　　　　章　晓　　（14岁）

扬起梦想的风帆

赣县城关第三小学　张瑾扬

C H E N G　Z H A N G　D E　B A N G　Y A N G

有时间，他就泡在属于自己的"实验区"里，做实验、写分析、查资料、再试验……爱钻研的他梦想从自己的实验区迈向浩瀚的星空，探寻那宇宙的秘密，成为一名真正的科学家。

七月的午后，太阳高高挂在空中，强烈的阳光炙烤着大地，因这难耐的酷热，午后的大街上几乎看不到什么人，大家都尽可能待在室内或阴凉处。这时，在这片街区的菜场处却传来阵阵人声。

"妈妈，那边有一只，看我把它捉住！"只见一个小男孩满头大汗地站在太阳下，他弯着腰，拢着双手，小心翼翼地移动着脚步，然后一只手用力在墙上一扣，"抓住啦！抓住啦！妈妈我又抓住一只！"小男孩原本皱在一起的脸一下子舒展开来，露出了无比纯真的笑容。

男孩儿到底抓到了什么，竟能让他如此高兴？直到妈妈把一个矿泉水瓶递给男孩儿，才让人明白过来。呀！那个透明的矿泉水瓶里，竟装着许多苍蝇。男孩缓缓拧开瓶盖，谨慎地把新抓来的苍蝇装进了矿泉水瓶里。男孩握着矿泉水瓶，露出甜甜的微笑，好像他手中拿着的不是一瓶子苍蝇，而是什么珍贵的东西。

这个抓苍蝇的男孩就是江西省赣县城关第三小学四年级的学生张瑾扬，那他到底为什么会在这样一个炎炎夏日热衷于抓苍蝇呢？原来，这是他在为自己的科学实验做准备。为了参加第三届"熊博士"全国青少年科学影像节科学 DV 大赛，张瑾扬正在准备一个名为"水瓶驱蝇"的科学项目。为了这个项目，张瑾扬进行了反复的实验，以得到充分而准确的实验数据，从而论证"苍蝇害怕装满水的玻璃瓶"的实验假设。

若想要进行反复的实验，那就必须准备好充足的实验材料，为此，张瑾扬尽自己的一切可能去捕捉苍蝇，但实验材料却总是不够用，因为，一旦把苍蝇关进矿泉水瓶子里，经过一个晚上，那些苍蝇就会因为缺氧而死亡。

张瑾扬的妈妈看到孩子如此执着于自己的科学实验，便开始每天带着他到苍蝇成群出现的菜场来捕捉实验需要的材料。每日一到午后太阳最厉害的一段时间，整个菜场便会空空荡荡，这时，张瑾扬和妈妈就一起来到菜场，两人放开手脚捉苍蝇。

每天捉完苍蝇回家后，张瑾扬便开始专注于自己的实验，他一次次放出苍蝇，观察它们靠近装满水的玻璃瓶时的状态，同时记录数据，然后调整瓶子和放出苍蝇时的距离，开始新一轮的实验。张瑾扬对于实验，已经到了废寝忘食的地步。有一次，张瑾扬的爸爸妈妈有事出门，临走前，妈妈为张瑾扬准备了午餐，让他到了时间就吃，但张瑾扬太过专注于实验，竟把吃饭这件事忘记了，直到爸爸妈妈办完事回到家中，张瑾扬还一头扎在实验上，妈妈一看，为他准备的食物，竟一动也没有动过。

经过反复的实验与观察，张瑾扬终于得出了准确的数据，他可以确定，苍蝇是害怕装满水的玻璃瓶的，装满水的玻璃瓶确实能够起到驱蝇的效果。最终，这个饱含着张瑾扬心血的实验项目获得了第三届"熊博士"全国青少年科学影像节科学 DV 大赛的一等奖。

至此，对科学的喜爱便更深地扎根在了张瑾扬的心里。之后，他的作品"哪个轮子转得快"和"泡泡水秘方"又分别荣获"熊博士"的优秀奖与二等奖。张瑾扬还在自己家中建立了一个实验区，他的大部分课余时间都花在了这里，他总是在实验区里反复做他的科学实验，或者进行各类模型的组装。

张瑾扬对科学投入了十二分的热情，让人不禁觉得，像这样一个有着科学热情的孩子，一定有一个成为一

名科学家的梦想。没错，张瑾扬同学有着一个远大的梦想，但这个梦想却不是成为一名能够发明创造出更多有趣物件的科学家，而是成为一名能够探索宇宙奥秘的天文学家。

小时候，每当张瑾扬站在浩瀚的夜空下，看着天空繁星点点，他就会问妈妈："妈妈，那是什么星？它多大？它离我们远吗？星星为什么会一闪一闪的呢？"妈妈总是会告诉他："那是一个神秘而有趣的世界。"从那时起，张瑾扬便开始有了长大后成为一名天文学家的梦想。他说："随着年龄的增长，我慢慢懂得了一些关于宇宙的知识，这使我更热切地想成为一名天文学家。我梦想着有一天，走入天文台，走到一个巨大的反射式天文望远镜前，时刻关注着宇宙中的天体运动，关注着这些天体是否会对地球造成威胁，等待着新天体的诞生！如果我成为了一名天文学家，我会尝试去解开黑洞的神秘面纱，解开白洞是否存在的谜题；我会去探索宇宙大爆炸前后到底有哪些差异；我会去探索宇宙更多的秘密，去发现人类的另外一个家园……"

每个孩子的心中都有一艘名为"梦想号"的船，它们停泊在孩子们的心海里，等待着接受狂风与巨浪的考验。孩子们就像是一个个勇敢的舵手，驾驶着"梦想号"一路乘风破浪，驶向远方。张瑾扬的"梦想号"已经扬帆起航，看，他正以自己最英勇的姿态，用知识与不屈的精神武装起自己，指挥着船只，义无反顾地向着梦想的彼岸驶去。

互动留言板

我和张瑾扬有同样的爱好，都是"科学实验迷"。瞧，张瑾扬同学在实验室里戴着防护镜，桌上摆着各种实验器材，正在认真、仔细地做科学实验。科学的态度不能有半点马虎，只有不断实验、实验、再实验，才能求得真知。

盛思雅（13岁）

我读了张瑾扬的故事，对他的毅力和探究精神感到非常佩服，我希望我也能像他一样，做个有恒心的人。

李哲希（11岁）

我的梦想感言
请把你的感想写在这里

插画／闸北区青少年活动中心　　盛思雅　（13岁）　　徐兆源　（14岁）
　　　　　　　　　　　　　　　蒋纪晨　（13岁）

梦想下一场太阳雨

泉州市第二实验小学　黄芷昕

CHENG ZHANG DE BANG YANG

她用自己的力量去关心和帮助自闭症儿童，耐心地陪伴这些"星星的孩子"，她向他们表示友好，她向他们微笑，她用温柔的语言与他们交流，终于渐渐打开了他们心灵的小小一角。

　　每个周末，泉州市第二实验小学五年级一班的黄芷昕都会去参加课外的兴趣班。在黄芷昕上课教室的楼下，有一个残障儿童教育点。每次放学后，等待妈妈过来接自己的黄芷昕总会有意无意地朝那间教室望去，她在那间教室里看到了那些与自己年龄相近，但行为举止却有着巨大差异的孩子们。那些孩子也会微笑，但笑容却不如自己脸上的灿烂；那些孩子也会跳舞，但舞步却没有自己的灵活；那些孩子也会唱歌，但歌声却不及自己的甜美。他们到底是怎么了？

　　黄芷昕问妈妈："妈妈，他们为什么看起来那么不同呢？"妈妈缓缓抚摸着黄芷昕的头顶，用一位母亲善良与温柔的口吻告诉她："上帝在创造那些孩子的时候开了小差，所以他们在出生的时候，和普通的孩子相比，身上少了些东西。"黄芷昕默默点头，知道了这些孩子和自己的不同之处在于他们有着先天的缺陷。虽然黄芷昕的年纪不大，但聪慧如她，知道这些孩子是带着不幸出生的。所以，他们应当得到人们更多的爱与关怀，她想，如果有一天，自己有机会近距离与他们接触，她一定会给予他们自己最真挚的爱与帮助。

没想到，不久后，这样的一个机会便到来了。

2013 年 2 月 25 日，泉州市第二实验小学组织了全校师生向"太阳雨"捐款的活动。"太阳雨"是泉州最大的自闭症儿童培训学校，是一所专门训练自闭症及广泛性发育障碍儿童的非营利性机构，在泉州地区有一定的知名度，得到家长及社会的广泛认可，而泉州市第二实验小学是"太阳雨"的"手拉手"学校。为了培养孩子们的爱心与互助精神，泉州市第二实验小学与"太阳雨"经常合作开展活动，发动学生向自闭症儿童献爱心、送温暖。

黄芷昕就是在这一天知道了一个以前从未出现在她世界中的词语——自闭症。于是，她带着好奇去问老师："老师，什么是自闭症？"老师回答道："有这样的一群孩子，他们对于外界没有任何的兴趣，不愿和人交流，社交能力弱，在语言表达和理解上都存在着很大的缺陷。他们会专注于某个声音、某个事物，远远超过了对他们周边的人和事的关注，只沉浸在自己的世界里面。他们就是自闭症儿童，也被称为'星星的孩子'。"

"星星的孩子"，多么美丽梦幻的名字啊，可是，它代表的含义却是这般的残忍。那天，黄芷昕把自己所有的零花钱全都捐给了"太阳雨"的孩子们，她用自己微薄的力量去帮

助了他们。黄芷昕的爸爸妈妈看到孩子有这样的举动，感到特别高兴，黄芷昕对公益的热情，让他们看到了一个能对社会负起责任的好少年。

2013年3月4日下午，泉州市第二实验小学再次组织部分教师、学生和家长来到"太阳雨"儿童培训学校，与那里的小朋友一起游戏、学习、交谈，从而帮助自闭症患儿融入群体，积累人际交往的经验，引导他们走出孤独的心灵。黄芷昕和少先队大队委的同学也一起前往。"太阳雨"儿童培训学校校长林丽萍告诉前来的教师、学生和家长："让这里的孩子与普通的学生一起玩耍，能够给他们创造积极的人际交往经验，帮助他们更好地融入社会，更愿意敞开自己的心胸去接纳别人。"黄芷昕听完，心想：原来只有社会的接纳，才能使自闭儿童敞开心扉啊！

于是那一天，在操场上，黄芷昕与自闭症患儿一起蹦跳，一起玩"两人三足"游戏；在教室里，他们一起唱着歌翩翩起舞，一起拼拼图。一开始，这些孩子们对于和黄芷昕接触十分抗拒，但黄芷昕耐心地向这些"星星的孩子"们表示自己的友好，她向他们微笑，用温柔的语言与他们交流，终于渐渐打开了他们心灵的小小一角。临走前，黄芷昕还将自己心爱的文具和学习用品作为礼物送给自闭症患儿们，她把自己的爱心毫无保留地传递给了这些需要爱的孩子们。

　　爱心传递来自点滴积累，黄芷昕在平时生活中已将这种爱心转化为惯性，时时刻刻用这种正能量不断影响着身边的人。在那次难忘的活动结束后，黄芷昕动情地说："在和'太阳雨'自闭症患儿接触的短短几天时间里，让我感触很深，相比他们，我是那么幸运，他们漂亮、可爱，却被拒于校园之外，无法享受到和正常孩子们一样的幸福时光。那时候，我就在想，等到我有能力回报社会的时候，我会用我所学的知识在我的家乡建设一座现代化的'幸福家园'，让那些自闭症患儿全都住进我的'幸福家园'，我会竭尽所能地教育、指导这些孩子们，让他们也能像我一样享受正常人的学习生活。我希望，我们的社会能够多一点包容，毕竟，'海纳百川，有容乃大'，包容才是泉州这座城市的精神品格，希望越来越多的人都来帮助他们。"

　　良好的家庭教育和学校教育培养了黄芷昕的良好修养与高贵品格，这个小女孩已然有了心系他人的广博胸怀。在关爱他人的同时，黄芷昕也一直都在为着自己的理想而奋斗，她从未放松过自己的学习，学习成绩名列前茅。除了学习之外，她善写书法，善写文章，还能演奏小提琴，她还将学到的知识运用到生活中，勤于动手创造，发明了"日光灯清洁器"……正如黄芷昕的妈妈所说，"黄芷昕是一个有着积极向上性格的孩子"。

　　这样一位品学兼优的优秀少年，一定能够实现

她的理想，也一定能够实现在泉州这座城市下一场"太阳雨"的愿望。下一场太阳雨，去浇灌黄芷昕的"幸福家园"公益梦，让她的公益能量能够散发出更耀眼的光芒。

互动留言板

她帮助那些自闭的孩子驱散了笼罩在心上的阴霾，聪慧的她，将自己的热情传递给冰封孤独的生命。

龚艺雯（13岁）

她学习刻苦，并利用课余时间帮助他人，把快乐与人分享，这是每一个人都应该向她学习的地方。

舒周怡（14岁）

我的梦想感言
请把你的感想写在这里

插画/ 浦东新区艺嘉美术　张伊洁　（13岁）　舒周怡　（14岁）

"世界冠军"是这样炼成的

青岛市崂山区实验小学 钟子昂

C H E N G Z H A N G D E B A N G Y A N G

他是货真价实的"世界冠军"，在世界头脑奥林匹克的竞技场上，他带领队友，随机应变，为祖国赢得了荣誉。这是位头脑和四肢都很发达的男孩，他的梦想是当一名宇航员。

2013 年 5 月下旬的一天，美国密歇根州的狂风暴雨迎来了一批中国的小客人——山东省青岛市崂山区实验小学六年级学生钟子昂和他的队友们组成的中国代表队。他们在美国密歇根州立大学参加了第 34 届世界头脑奥林匹克决赛，并骄傲地捧回了冠军奖杯。

镜头倒回紧张的比赛前。由于天气不佳，钟子昂和小伙伴们推着沉重又庞大的道具走在去比赛的路上，十分艰难。友谊队租了一辆车，邀请钟子昂一同上车，可他却再三推辞，把乘车的机会让给了别的小伙伴。赶到比赛场地，他们又遇到了意想不到的困难：场地的方位和布局等与国内训练时完全不同，翻译老师也被拦在门外。语言不通加上突然的变化使得队友们手足无措。这时候，钟子昂果断地站了出来，把大家召集起来沉着地说："虽然场地和我们预料的不同，也没有翻译老师帮忙，但是这对所有的参赛者都是公平的，我们不必害怕！"听了钟子昂的话，队员们纷纷点头，开始仔细观察新场地。在钟子昂的带领下，大家凭借平时扎实的训练基础和稳定的临场发挥，最终过关斩将获得了"翻滚的结构"项目的第一名，为祖国赢得了荣誉。

提起这段难忘的参赛经历，"世界冠军"钟子昂却很平静。他说："团结，是我们最终赢得冠军的法宝；随机应变、沉着冷静是我们成功的关键！"这样一个胸怀大局、头脑和四肢都很发达的小小世界冠军是如何成长的呢？

2012年暑假，身为班长和班级体育委员的钟子昂入选了学校的头脑奥林匹克队，跟着老师一起训练力量、创造性和动手能力等。钟子昂面对的头号困难就是训练强度大。他每天早晨到校必须先跑800米；中午、下午做蹲下起，30个一组各三次，蹲马步三分钟。最难最累的要数抬杠铃片了。那时才四年级的钟子昂每天都要把足足20千克重的杠铃片来

回搬运，一次训练下来，搬的总重量差不多有 1 吨重了。在搬杠铃片的过程中，容易脱手，砸着脚趾和脚背的事情经常发生，钟子昂都咬牙坚持了下来。

每天训练完回家，钟子昂全身就像散架一样，一点力气都没有了，但他还是硬撑着把作业写完才肯休息。第二天，他仍坚持早早到校，仍然跑完 800 米，仍然蹲马步……训练虽然很辛苦，钟子昂从来没想过放弃，每当他搬完一趟杠铃片，完成一道动手题，或者得到老师和同伴的一句鼓励，他心中的快乐和成就感就压倒了一切劳累。

学校的头脑奥赛团队由六位同学组成。在平时的训练过程中，钟子昂和队友们团结友爱，互相帮助，也互相监督。

在训练过程中谁的哪个细节、哪个动作出现了问题，队员们都会毫不留情地指出来。钟子昂也把这种团结协作的精神带到了班级。身为班干部，钟子昂乐于助人，真诚奉献；对于有困难同学，不论在学习上还是生活中，总是伸出援助之手。他带领同学们团结协作，共同进步，所在的班级数次夺得了学校篮球赛冠军、朗诵比赛第一名、足球赛冠军。

2013 年 6 月，刚从美国载誉而归的钟子昂观看了我国"神舟十号"

航天员的太空授课。宇航员王亚平阿姨魔术般的讲课深深地吸引了爱好科学的他：人在太空怎么就像飘着一样，轻轻一推就推到一边了？水球怎么就不往下掉呢？陀螺实验更是神奇……所有的这些都令钟子昂着迷。他想："如果在太空做实验的人是我，那该多好啊！"从那时起，成为一名光荣的宇航员就成了钟子昂最大的梦想。他知道，想当一名宇航员有很多严格的条件，比如视力、身高等；要掌握大量科学文化知识；还要有强健的体魄，需要经过刻苦严格的训练，并经过层层的选拔。于是，钟子昂拿出了备战头脑奥赛的毅力，坚持锻炼身体。除了在学校的活动外，每天晚上在家里还练练举哑铃、蹲下起、仰卧起坐；周末坚持打篮球、游泳等。

钟子昂说："成绩仅代表过去。想要成为宇航员，我还要努力学习，用知识武装自己。我相信努力才能实现梦想，无论多么困难的事，只要努力了，就一定有收获！"

互动留言板

中国是个航天大国，神舟飞船承载着中华儿女的飞天梦。我和钟子昂都是炎黄子孙，我画他的事迹，因为我们都有中国航天梦，强国梦！

徐子骏（12岁）

坐上航天飞机，去遥远的太空翱翔，这也是我的梦想！让我们一起为梦想努力吧！

李俊毅（10岁）

我的梦想感言
请把你的感想写在这里

插画／上海外国语大学第一实验学校　　徐子骏　（12岁）
市北中学　　　　　　　　　　　　　王天勤　（16岁）
闸北区青少年活动中心　　　　　　　汪霆　　（15岁）　黄亦文　（13岁）
闸北区彭浦新村第一小学　　　　　　陶烁　　（10岁）

左手做科学，右手弹钢琴

河南省实验学校鑫苑外国语小学　王恩泽

CHENG ZHANG DE BANG YANG

这是一个心怀科学家梦想的孩子，总有一天，他要去探寻那深邃宇宙的奥秘；这又是一个从小浸淫在艺术中的孩子，叮咚的钢琴声陪伴了他整个童年。自然科学与钢琴演奏，竟然在这个小男孩的梦想里和谐地共存了下来。

　　许多作文是以这样一个标题开始的："我有一个梦想"，而对河南省实验学校鑫苑外国语小学六年级三班的学生王恩泽来说，如果要写这样一篇作文，他的标题或许会改成"我有两个梦想"。人如果能拥有一个梦想，并能为实现这个梦想努力奋斗、勇往直前，已实属不易，而王恩泽竟然怀揣着两个梦想，不禁让人想知道，这两个梦想到底是什么，拥有了两个"梦想"的他又是如何奋斗的。

　　美丽的校园是王恩泽梦想起飞的地方。在这里，王恩泽不仅学到了许多科学文化知识，而且还播种下了他梦想的种子——成为一名精通钢琴演奏的自然科学家。

　　钢琴演奏与自然科学，这两件看起来完全不相关的事，竟然在王恩泽的梦想里和谐地共存了下来。不过，这两者的关系也并非一开始就如此和谐，它们也曾在王恩泽的脑海里"打架"。有一阵子,"钢琴"与"科学"到底应该选择哪个,曾让王恩泽纠结不已。

王恩泽由于受到母亲的影响,在很小的时候便与钢琴结下了不解之缘。那个时候的王恩泽还不知道音乐是什么,但每每看到黑白相间的钢琴琴键,便有一种说不出的开心和兴奋,于是王恩泽自然而然地踏上了他的钢琴之路。正因为王恩泽对于钢琴的这份喜爱,以及他日以继夜的勤奋练习,如今,在钢琴方面,王恩泽已取得了不俗的成绩。在钢琴老师的教导与激励下,王恩泽曾一度想成为像郎朗一样的钢琴演奏家。

与此同时,王恩泽从小便对科学知识特别感兴趣,喜欢阅读科普书籍,书中许多科学家和他们的故事深深地吸引了王恩泽。其中,让他印象最深刻的要数牛顿通过苹果落地而发现了万有引力的故事。在他观看了影片《钱学森》之后,王恩泽萌生了要成为一名科学家的想法。钱学森对中国的航天事业做出了巨大的贡献,是一名爱国典范。钱学森的爱国行为让王恩泽感动不已,他不计得失的义举令王恩泽心生敬佩,而他为航天事业奋斗一生的历程更是深深地震撼了王恩泽。从那之后,王恩泽便立志要成为一名像钱学森爷爷一样,为自己热爱的国家做出贡献的科学家。

王恩泽生活在河南省郑州市,近年来,那里的环境污染较为严重,因此,王恩泽十分渴望让自己生活的城市能够拥有良好

的自然环境。为了能够达到自己心中所想，王恩泽在课余时间十分热心环保公益活动，并且用他自己的实际行动影响、带动着周围的同学们一起加入到保护环境的行列当中。在支持环保的过程中，王恩泽善于思考、勇于创新，经常带领小伙伴们一起制作环保宣传小报，同时教导低年级同学学会垃圾分类，还在少先队中倡导回收废旧电池等活动。王恩泽在环保工作中所做的种种努力，让他获得了郑州市金水区环保局颁发的环保小卫士金奖。

对生活的热爱和对环境保护的关注，让王恩泽进一步确定了自己的梦想——成为一名自然科学家！

但是，王恩泽对于那个在心中深埋已久的"钢琴梦"又不忍轻易舍弃，于是陷入了两难的境地。他想到在影片《钱学森》中，蒋英奶奶为了支持钱爷爷的事业，放弃了自己喜爱的歌唱事业，他为蒋英奶奶感到深深的惋惜。不久，王恩泽的母亲看出了王恩泽的犹豫与纠结，于是给他讲了"左手做物理，右手拉小提琴"的华裔女物理学家马中佩的故事。王恩泽的母亲告诉他，马教授从四岁开始学习演奏小提琴，但渐渐的，她又喜欢上了物理，她对物理和音乐怀着同样的热忱。后来，马教授成为了一名天体物理学家，但是对于音乐的爱好，她也从未放弃。

通过钱学森和马中佩的故事，王恩泽终于确定了自己的梦想——成为一名精通钢琴演奏的自然科学家！这两个看似毫不相关的梦想，最终便是这样和谐共存下来的。王恩泽说道："现在，这个梦想已经根植于我的心田，我会用心去浇灌它，我相信有一天我的梦想一定会实现的！"

年纪尚小的王恩泽已经拥有非常稳重的性格，对于学习，他从来都是积极而又自觉的，除了钢琴、自然科学之外，兴趣广泛的王恩泽对于书法以及绘画也有着浓厚的兴趣。钢琴和书法都是勤学苦练才能有所造诣的项目，不论严寒酷暑，日复一日、年复一年的重复练习并没有让王恩泽产生厌倦或懈怠，相反让他在长期的坚持当中，更加深刻地明白了"宝剑锋从磨砺出，梅花香自苦寒来"的真谛。王恩泽的这份兴趣与坚持，让他在各类书法、钢琴比赛中无不载誉而归。

在王恩泽身上体现的这种难得的性格品质，一定程度上要归功于家庭环境对他的影响。王恩泽的父母都是爱好阅读、喜欢学习的人，王恩泽在这样的环境中耳濡目染，渐渐把学习视为生活中重要且自然的组成部分。在王恩泽母亲的言语间，不难听出这位母亲对孩子的自豪感，她希望自己的儿子是优秀的，但她对自己的孩子却没有苛求，她如天下所有的母亲一般，祝福孩子能够拥有一个健康快乐的未来。

想要完成一个梦想是

不容易的，许多人因无法忍受前进路上的艰苦，往往在半途中便放弃了，而深谙坚持之道的王恩泽，通过长久的积累，必能实现他"左手做科学，右手弹钢琴"的伟大梦想。

互动留言板

当我看到标题"左手做科学，右手弹钢琴"，我不禁一愣，这怎么可能？但看完了王恩泽的事迹，我明白了，科学与艺术可以完美结合，我画的王恩泽一手做科学，一手弹钢琴，超级帅！超级酷！

瞿若冰（15岁）

我的梦想感言
请把你的感想写在这里

插画／彭浦初级中学　　　　　　刘瑛轩　（15岁）
　　　　闸北区青少年活动中心　虞　瑶（13岁）　朱章裔　（12岁）
　　　　　　　　　　　　　　　瞿若冰　（15岁）

才艺女孩王廉苟

武汉市常青实验小学　王廉苟

CHENG ZHANG DE BANG YANG

她是学校里的"得奖专业户"，不仅成绩名列前茅，还多才多艺，钢琴、舞蹈、表演、画画样样都灵。她还有一颗朴实的心，虽然家庭条件优越，在她身上却一点也看不到娇生惯养的痕迹。

武汉女孩儿王廉荀，是武汉市常青实验小学五年级学生。

照片上看，这是一个乖巧、懂事的小姑娘，一双眼睛好像会说话。

在学校，一提起她，无人不知无人不晓——她是班长、学习委员，还是学校少先队的大队长；她不仅成绩名列前茅，还多才多艺，钢琴、舞蹈、表演、画画样样都灵，是"得奖专业户"；她不仅自己积极参加学校各项集体活动，还能很好地团结组织同学们一起参与。

其实，这个小女生在班里是年纪最小的一个。幼儿园大班毕业的时候，她还不到入学年龄，但是小廉荀自己主动提出了要去上学的要求。爸爸妈妈带着她特地去见了学校里的老师，老师们看到这么一个可爱的小姑娘，小小年纪却一点不怯场，能歌善舞、表达清晰，就收下了这个不到龄的小女孩。

她果然没有让老师失望。上课的时候，她特别专心，亮晶晶的眼睛一直跟着老师，举手发言口齿伶俐，完成作业又快又好，还能自己把不懂的问题记下来主动去问老师。受家庭环境的影响，她特别喜欢读书，阅读面很宽，《十万个为什么》《环球旅行》《地球百科》都是能让她一拿起来就废寝忘食的好伙伴。从一年级到现在，她的成绩在班里一直名列前茅。

别看她年纪小，就在大多数孩子还不能自觉管理好自己的时候，她已经不仅能管理好自己，还能帮着老师管理好班级，在同学中树立起了威信。如果碰上哪个个子高、力气大的男孩子违反纪律调皮捣蛋，小廉荀能勇敢地站出来制止，但是如果有哪位同学需要帮助，小廉荀也是看在眼里记在心里，想办法找机会解决。有一次学校举行运动会，王廉荀因为运动成绩好，参加了很多项目。而班里另一名同学平时比较内向，不大受同学们欢迎，运动会上他也很想参加一个项目，但是没有同学推荐他。小廉荀了解到他的真实想法后，就主动和父母、老师商量，把自己的名额让给了他。不仅仅因为成绩好，小廉荀还以一颗真诚的心得到了大家的认可，除了第一学期担任学习委员，到现在连续几年，她一直都被同学们选为班长。

廉荀的爸爸妈妈很重视教育，而且善于在生活实践中学习并运用先进的教育理念，不断地鼓励、引导她。小姑娘也很争气，学习新东西、接受新事物都表现出极强的天赋，钢

琴、舞蹈、表演、画画……不管学什么都是一学就会。尤其是钢琴，她三岁开始学钢琴，四岁就取得了社会艺术水平考级钢琴四级证书，参加全国艺术人才选拔赛，获得湖北赛区钢琴幼儿组特别金奖，九岁参加"湖北十大民星达人评选"被称作"钢琴女孩儿"，十岁就取得了钢琴十级证书。

说到她取得的成绩，爸爸妈妈很自豪。但光靠天赋是远远不够的。爸爸说，取得这些成绩，离不开学校对学生的培养，学校里从老师到校长，都很开明，为培养孩子综合素质动足了脑筋。王廉荀小小年纪就做事专注，有毅力，能坚持，吃得起苦，也是她能取得成绩的一条重要品质。小廉荀第一次参加钢琴考级的时候，还不到四岁，正碰上她感冒发着高烧，可是小廉荀坚持参加考试并且顺利通过了考试。不管是钢琴、舞蹈、表演、画画、功课，还是学校老师交代的工作，她都认认真真，一丝不苟。她在学校里担任鼓号队指挥和常青小卫士，不管刮风下雨还是严寒酷暑，她都坚持每天比同学提前十五分钟到学校，几年来从不例外；担任"环保小卫士"，她不光自己带头，时刻注意保护环境，如果发现有同学洗手忘了关水龙头或边洗手边玩水，就主动上去制止，她还把这一习惯带回了家，经常提醒父母和家人注意节约用水用电。

王廉荀家庭条件优越，但是在她身上一点也看不到娇生惯养的痕迹。她生活自立，懂得体谅父母工作的辛苦，只要有空就帮助家人做一些力所能及的家务事。爸爸妈妈都是做时尚产品的，但是小廉荀并不要求爸爸妈妈给她购买那些华贵的时尚童装，她经常对妈妈说："衣服都还是好好的，再买新的太浪费了。"她还随着爸爸妈妈一起到湖北省福利院为残疾儿童捐款捐物献爱心。

她多才多艺，爱好兴趣广泛，但最喜欢的还是画画。小的时候，她找爸爸妈妈要的最多的奖励就是纸和笔，让她画画。妈妈说，她两岁的时候，一看到颜色就兴奋，拿起纸笔一画就是两三个小时。长大一点，有一次去爸爸公司样品间里参观，各式各样漂亮的包包让她目不暇接。爸爸向她介绍，哪一只包出自哪位设计师，哪一只包将销往哪里，听得她都入迷了。爸爸趁热打铁告诉她："要做就做最好的。"从那时候起，她就有一个梦想——要做世界级的设计师，要像乔布斯一样，通过自己设计的产品改变世界，她希望人们穿上她设计的衣服、用上她设计的包包，提升生活品质，让人们更有风度、更有品味、更有魅力。爸爸妈妈很支持她的梦想，把她的画拿给冷军等画家看，放手让她自己发挥，还找机会带她去意大利、法国等欧洲国家旅游，给她开阔视野，增长见识。

现在，小廉荀虽然还没有正式开始学习绘画技法，但是她正一点点积蓄着能量。就像她的校长说的那样："胜利属于坚持不懈者。希望你能用信心编织未来，用努力成就人生。"

互动留言板

王廉荀同学为自己的梦想——成为设计师而努力。她告诉了我，梦想，才是她努力的动力源泉。

张哲怡（12岁）

她刻苦学习，乐观向上；她善待同学，乐于助人；她为了自己的梦想而付出心血，她鼓舞着我。

舒周怡（14岁）

我的梦想感言
请把你的感想写在这里

插画／ 浦东新区艺嘉美术　 舒周怡　（14岁）　 张哲怡　（12岁）
徐康伟　（13岁）

助人为乐的 "小老师"

邵阳市新宁县解放小学　戴昶妍

CHENG ZHANG DE BANG YANG

只要一有空，她就去给住同一幢楼里的腿脚不便的黄奶奶揉肩捶背，让老人冷冷清清的屋子里，传出了沙哑和清脆相交的笑语。在全班同学眼中，她就是班级里的"小老师"。

　　"哒、哒、哒、哒……"空荡荡的楼道里传来拐杖敲击地面的声音，那声音断断续续，响一阵停一阵。在这时起时歇的声音里，三楼一户人家的门突然开了，从门里走出来一个娇俏的女孩儿，女孩儿长着一双特别清亮的眼睛，忽闪忽闪的。

　　女孩儿迈着轻快的脚步，循着那声音，不一会儿就看到了正靠着楼梯扶手休息的黄奶奶。女孩儿一见到黄奶奶，立马走上前去扶住她的手，说："奶奶，我扶您上楼吧！"黄奶奶从见到女孩儿起，脸上就笑开了花，她扶着女孩儿的手，连声说道："好好好，又要麻烦我们妍妍了。"说完，一老一小靠在一起缓缓地拾级而上。

　　旁人若看到了方才的画面，定会觉得这祖孙相伴的场景让人深感温暖，但事实上，这位黄奶奶和搀扶她的女孩儿却并非祖母与孙女的关系。搀扶黄奶奶的女孩儿名叫戴昶妍，是湖南省邵阳市新宁县解放小学六年级的一名学生，她的家住在黄奶奶的楼上，因而，两人不过是邻居的关系。但黄奶奶的嘴上却时常挂着一句话："她胜过了我的亲孙女！"

黄奶奶的老伴去世多年，子女又因工作关系都不在家中，因此，黄奶奶平时都是一个人在家。并且，年事已高的黄奶奶腿脚不便，走路全靠拐杖支撑，因而极少出门。长年累月一个人待在屋子里的黄奶奶，心中难免孤寂，整个人都显得郁郁寡欢。

一日，戴昶妍无意间听到了黄奶奶的情况，于是，细心懂事的她每天一有空便到黄奶奶的屋里去。有时戴昶妍会给黄奶奶揉肩捶背，有时陪她聊聊天，有时会搀扶着她到屋外散步。老人那颗孤独的心，在戴昶妍的细心陪伴下慢慢温暖了起来，她的心情比从前好了许多，原本冷冷清清的屋子里，不时会传出沙哑和清脆相交的笑语。难怪，老人会说出"她胜过了我的亲孙女！"这样一句话。

戴昶妍帮助独居老人的事被传为一段佳话，而在学校里，她也是个助人为乐的孩子。

"她是我们的小老师。"这是戴昶妍在全班同学眼中的形象。每日的晨读时间，站在讲台上的不是老师，而是"小老师"戴昶妍。只见她捧着课本，声情并茂地带领班上的同学朗读课文。作为班上的学习委员，戴昶妍对待自身的学习必定是一丝不苟的，并且在严格要

求自己的同时，戴昶妍对于学习上存在困难的同学也十分乐于伸出援手。

三年级时，戴昶妍有了一位新同桌——转学过来的仇书琳同学。经过一段时间的相处后，戴昶妍发现自己的新同桌语文基础不怎么好，会经常写错字、读错音，周围的同学们常常会因此嘲笑仇书琳。细心的戴昶妍还发现，仇书琳学习上的缺陷让她变得越来越自卑，对自己越来越没有信心，并逐渐开始抗拒与身边的同学交流。发现这一情况的戴昶妍主动与仇书琳交朋友，并且在课余时间里，鼓励仇书琳朗读课文给自己听，在仇书琳读错字的时候，戴昶妍从不露一丝嘲笑之色，而是耐心地帮她纠正读音。很快，仇书琳在朗读时，读错字的次数慢慢减少，最后竟一次都没有了。

由于两人的家住得较近，戴昶妍常常会邀请仇书琳到自己的家中和她一起做作业。两人完成作业后，戴昶妍会帮助仇书琳听写词语，并耐心地讲解那些仇书琳在学校里没有弄懂的问题。不久，戴昶妍和仇书琳就成了形影不离的好朋友，仇书琳的学习成绩也如芝麻开花一般节节高。更令人感到欣喜的是，在戴昶妍这只领头羊的感召下，她所在的班级成了全校闻名的优秀班集体。

每个人都有自己的梦想，有的想成为一名科学家，有的想成为一名歌唱家……而有着"小老师"称号的戴昶妍的梦想是成为一名真正的人民教师，她说道："从记事开始，我就特别向往那神圣的三尺讲台，只是那时除了因为羡慕那种'孩子王'的感觉，更多的

是因为那里站着我最崇拜的妈妈，我渴望能与妈妈相依偎；后来，当我自己也成为一名学生后，看到我的每一位老师站在讲台上津津有味地给我们讲课，他们的音容笑貌让我真正体会到了为什么人们总是把老师比作辛勤的园丁，正是因为有了他们的无私奉献，我们的祖国才会有娇艳而美丽的花园，也因为如此，我更坚定了这个梦想。在今后的学习中，我要加倍努力，争取全面发展，让自己能以优异的成绩去实现这个梦想，到那时，我会把自己的知识毫无保留地教给学生，使自己成为一名出色的人民教师，无愧于'太阳底下最光辉的职业'这个称号，做一个真正的人类灵魂的工程师！"

戴昶妍的梦想朴实却丰满，她的母亲对她的这一理想十分支持和赞同。和全天下所有的父母一样，她希望自己的孩子能够永远健康、快乐，并能在追寻自己梦想的道路上一路坚持，直至实现的那一天。

2013 年上学期开学不久，对戴昶妍疼爱有加的父亲突然去世，得知这一噩耗的她哭红了双眼，从此，戴昶妍变得更懂事了。在家里，戴昶妍帮着妈妈做家务；在课堂上，老师看到的依然是她听课时专注的神情。戴昶妍的学习一点都没有落下，家庭作业更是完成得一丝不苟，在期末的检测中，戴昶妍获得了年级第一的好成绩，并且，是戴昶妍的坚强与勇敢，让妈妈的脸上又重现了久违的笑容。

这样一位助人为乐的"小老师"值得所有人祝福，愿她一生平安健康，而她的梦想，也必能发出最璀璨耀眼的光芒！

互动留言板

戴昶妍同学有一颗温暖的心，一颗可以感染他人的、纯朴的、善良的心，值得我们敬佩。

张哲怡（12岁）

戴昶妍积极向上，乐观开朗，她用自己善良、真诚的心温暖着孤独的老人。

徐康伟（13岁）

我的梦想感言
请把你的感想写在这里

插画/ 浦东新区艺嘉美术　张哲怡 （12岁）　徐康伟 （13岁）

中国男孩儿的功夫梦

汕头市丹霞小学　陈锴烨

CHENG ZHANG DE BANG YANG

在拥有一身好功夫的同时，他德才兼备、品学兼优。这是一个有着功夫梦的中国男孩儿，在他坚持梦想的道路上，朝着新时代"大侠"的目标而日复一日、年复一年地努力拼搏。

　　也许，所有的女孩儿最初的梦想都是成为一个人人宠爱的公主；而每一个男孩儿的梦想，则是成为一个人人称颂的英雄。在地球上的任何一个国度，每天都有一群女孩儿和一群男孩儿正做着这样的梦。

　　有一群男孩儿，他们也正在做着自己的英雄梦，但他们对自己憧憬成为的"英雄"却有着更清晰的定义——要成为一名会功夫的"盖世大侠"。无疑，这是属于中国男孩儿特有的梦，因为，这样的武侠情结，深深扎根在了神州这片土地上。广东省汕头市丹霞小学的陈锴烨便是拥有这样一个梦的男孩儿。

　　陈锴烨五岁开始学习功夫，像许多男孩儿一样，最初，他对于功夫的认知来源于电视屏幕。在武侠片中，那些身怀绝技的大侠们，他们或剑术超群、或拳法了得；他们能够飞檐走壁，或是隔空取物；他们除暴安良、劫富济贫；他们潇洒来去于天地间，受人敬仰与爱戴……这一切的一切，无一不是点燃一个小小少年内心"功夫梦"的火种，但陈锴烨与许多其他同样怀有这样一个梦的男孩儿们的不同之处在于，他把他的梦拉进了现实，他用他的汗水把他的梦渐渐浇灌出了轮廓。五岁的陈锴烨主动向自己的父母提出了想要学习功夫的想法，陈锴烨的父亲觉得学习功夫是一个强健体魄的好方法，于是二话没说便给陈锴烨找了教授功夫的老师。

想要学得一身好本领，必须下得一番苦功夫，这是古来皆准的道理。自打下定决心学习功夫，陈锴烨便做好了吃苦的准备，因此再苦再累，他都不曾有过抱怨。当问起陈锴烨："请问，你在学习功夫的过程中遇到过什么困难吗？你是怎样去克服这些困难的呢？你还记得在学习功夫的过程中，让你印象最深的一件事是什么吗？"陈锴烨回答道："在学习功夫的过程中，有时候会遇到一些比较难学的动作，但是只要多练习几遍就好了。印象最深的是有一次一套动作特别难学，最后花了几个月才学会。"陈锴烨在回答这些问题时，语气相当轻松淡然，但是他真正花费的精力和日复一日流下的汗水，却是常人无法想象的。

经过多年的艰苦练习，陈锴烨在他的功夫之路上已经取得了相当不俗的成绩：

陈锴烨分别于 2011

年、2012 年和 2013 年连续三年获得广东省传统武术锦标赛一等奖，即 2011 年获得南派长器械金牌一枚，2012 年获得南拳和南派长器械金牌共两枚，2013 年获得南派长器械金牌一枚。2012 年在全国武术锦标赛上夺取银牌两枚，分别为男子 A 组传统拳术银牌和男子 A 组传统器械银牌；同年，在第五届世界传统武术锦标赛上也力挫群雄，分别夺取男子 A 组其他拳术和男子 A 组长器械银牌。2013 年，陈锴烨的成绩更上一层楼，他夺得了全国传统武术锦标赛金牌和铜牌各一枚，即男子 A 组南拳的金牌和男子 A 组长器械的铜牌。由于在赛事中有礼有节，个人风格突出，在 2012 年和 2013 年全国武术锦标赛上，陈锴烨还分别获得组委会颁发的个人武德风尚奖。此外，陈锴烨还曾在第三届海峡两岸及港澳地区传统武术交流赛中获得男子 A 组枪术三等奖和男子 A 组李家教小吞吐拳三等奖。在第五届广东省武术精英大赛中，陈锴烨夺取 A 组霸王枪金奖和男子 A 组鹅剪拳金奖。

如果说，一开始陈锴烨对于功夫的喜爱，只是受了那些"大侠"的影响，那么如今，随着陈锴烨对于功夫一日深过一日的了解，他对自己的"功夫梦"已然有了更深层次的追求。陈锴烨给功夫和自己的功夫梦做了这样的诠释："中华武术、中国功夫，历史悠久，源远流长，既是我们强身健体的重要方式之一，也是我国传统文化的重要组成部分。它不是世人误解的所谓打架，而是教会人们修身养性，有勇有谋，有礼有节，传播着积极向上的精神。它是中华民族文明宝库中的重要历史遗产，通常被世界认为是中国人的标签，是中国的国粹。我喜欢武术，也努力练习。我希望我不仅能够拥有一个健康强壮的身体，长大后为国家服务，实现复兴中华的中国梦，而且通过自身不断的努力，影响周围的同学，使更多的人喜欢武术，爱上武术，学会武术，从而弘扬我大中华武术积极向上的精神。我希望中国武术以后有一天也能像其他运动项目一样，被列入奥运会的比赛项目，使全世界的人了解武术，了解中国，向他们展示中华民族的辉煌。"

陈锴烨虽然醉心于功夫，但却绝不是一个"四肢发达、头脑简单"的人。陈锴烨的兴趣爱好十分广泛，他喜欢下棋、画画，平日里喜好阅读世界名著和有关军事知识的书籍，他还爱好音乐，已通过全国社会艺术水平电子琴考级八级。

只有一身蛮横武力的人顶多只是个能逞匹夫之勇的莽夫，空有头脑却无强健体魄的人也绝非栋梁之才。而陈锴烨，在拥有一身好功夫的同时，又德才兼备、品学兼优，这不正是人们对于一个"大侠"的定义吗？陈锴烨，一个有着功夫梦的中国男孩儿，在他坚持梦想的道路上，已渐渐长成一个新时代的

"大侠"，他定能在不久的将来，以他的侠者风范，走出一片别样的天。

互动留言板

中华武术在世界功夫中独树一帜，享誉全球！陈锴烨作为一名六年级学生，能连创佳绩，实在令我羡慕和惊叹！我画他的事迹，更要学习他传承中华民族优秀传统，并将民族文化不断发扬光大的精神。

王天勤（16岁）

我的梦想感言
请把你的感想写在这里

插画/ 闸北区青少年活动中心　　　倪文诚 （14岁）　　夏欣雨 （14岁）
　　　　　　　　　　　　　　　李雯洁 （14岁）
　　　闸北区彭浦新村第一小学　　张嘉皓 （10岁）
　　　静安区教育学院附属学校　　孙汝佳 （14岁）

鲜艳的红领巾飘荡在胸前

昌江县昌江中学　邢福森

CHENG ZHANG DE BANG YANG

作为班长，他严以律己，要求别人做到的自己先做到，用自己的文明言行影响身边的同学。他学习成绩优秀，勤于思考，有自己独到的见解。他爱好广泛，喜欢阅读和制作机器人，他带领同学关爱老师的故事，在师生间广为传颂。

　　在2013年昌江县教师节表彰大会上，一名戴着鲜艳红领巾的少年，走上讲台，从教育局长手中接过"海南省昌江县首届十佳美德少年"荣誉证书，转身面向在场的老师和同学，行庄严的少先队礼，会场即刻响起热烈的掌声。他就是人们熟悉的邢福森，今年十二岁，昌江中学初一（5）班的学生。提起他，人们便被他那"鲜艳的红领巾飘荡在胸前"的故事所感动。

　　邢福森优秀品质的养成，源自良好的家庭、学校的教育环境。他的爸爸是人民教师，妈妈是国家公务员，一直以来，他就读的都是全县教育质量一流的幼儿园、小学、中学。无论在家还是在学校，都受到正确思想的教育和熏陶。邢福森一直坚持以自己的力量去帮助身边的同学和老师，在他们遇到困难时，他必定会倾尽所有，为他们提供帮助。邢福森所做的一切，无不体现出一名"红领巾"的优秀品质。

在学校收取校服费用的那段时间里，邢福森发现班上的一名插班生一直都没有交上，并且这名同学整个人的精神状态也不太好，整日都闷闷不乐的。这名同学来自农民工家庭，又是中途插班的，因此，在平日里，作为班长的邢福森总是会对他的生活与学习给予更多的关注。经过邢福森的了解，知道他因为家中经济拮据，一时无法拿出校服的费用，但眼见上交费用的时间即将截止，一直在发愁。邢福森让同学放宽心，并拿出了自己的压岁钱，帮他交上了校服的费用。

除了在生活上对同学进行帮助，在学习上，邢福森更是毫不吝啬自己的时间与精力。2011年9月，麦秋强从乡下转学来到班上，品德较好，但学科成绩不平衡，特别是英语，刚来时英语测试仅得了43分。细心留意班上大小事务的邢福森注意到了这一点。他想，如果秋强同学的英语成绩上不去，不仅对秋强同学有影响，同时也势必会拖全班的后腿。于是，他决定为秋强同学进行英语辅导，以提高其英语成绩。邢福森把自己的想法告诉了麦秋强，麦秋强欣然接

受了班长热心的帮助。在课余时间和双休日，邢福森除了要完成自己繁重的学习和各项班级事务，还要抽出时间制定好学习辅导计划，为麦秋强一点一点补习。在校园里、在家中，邢福森与麦秋强结对子学习的身影成了一道亮丽的风景线。在邢福森的帮助下，小学毕业考试时，麦秋强以优异的成绩被县重点中学录取。而邢福森以数学、英语两科满分，总分

289分的成绩排名全县第二。

在为同学尽心竭力地提供帮助的同时，在自己敬爱的老师有困难之时，邢福森更是把自己作为一名"红领巾"的力量发挥到了极致。在得知学校林先河老师得了肾功能衰竭症，需要长期在省医院住院治疗的消息后，邢福森马上产生了要为这位老师做些什么的想法。经过一番思考，邢福森决定发动全班同学捐款，为老师奉献自己的一份微薄力量。为了带

动全班同学积极捐款，邢福森率先捐出自己所有的零花钱，不久后，邢福森便把这一份殷殷的师生情，送到了林先河老师的手上。

在与邢福森父亲的交流中了解到，邢福森的这些助人为乐之举，事先均未与家人商量过，可见这些许多成年人都不曾拥有的高贵品质，已在年轻的邢福森身上扎下了根。邢福森的父亲说："在邢福森刚上小学一年级的时候，我们曾对他说过，不管事情大小，只要看到有需要帮助的人，就应该不遗余力地施以援手。"从邢福森的种种优秀事迹中不难看出，邢爸爸对邢福森品德的培养是成功的。邢爸爸还表示，邢福森自小爱好科学，曾多次代表学校参加全县、全省和全国的学科竞赛并获奖，多次参加全国机器人比赛，小学至今共获得各级各类奖项 31 项，他说："邢福森的志愿是长大以后成为一名科学家，但不管孩子的这一愿望能否实现，都希望他能够长成一名对社会有用的人。"

我们相信，像邢福森这样一名品学兼优的少年，必将能长成一位对社会有用的人。同时，也希望他能够实现自己的理想，成为一名优秀的科学家，用科学技术去帮助更多的人。

互动留言板

邢福森的爱好广泛，他品德好，学习也好，是一位品学兼优的好学生。

薄丰绅（13岁）

邢福森是一位严以律己的班长，他用自己文明的言行举止感染了身边的人。他不但学习好，还多次获得机器人大赛的奖项，我们应该向他学习。

龚慧仪（13岁）

我的梦想感言
请把你的感想写在这里

插画／宝山区少年宫　　夏淑怡　（14岁）　　沈明楠　（13岁）
李明涛　（11岁）

永远微笑的折翼天使

桂林市阳朔县阳朔镇骥马小学　郑永新

CHENG ZHANG DE BANG YANG

因为出生后就被亲生父母遗弃，她成了一名孤儿。但她是幸运的，被一对好心的夫妇收养，并成为了一个由残疾儿童组成的特殊家庭中的一员。她懂得感恩，帮助养父母照顾年幼的弟弟妹妹，辅导他们学习，做起了家里的"大家长"。

不向命运低头

在阳朔镇骥马小学有这样一个不幸却又幸运的孩子，她叫郑永新。她天生膀胱畸形，出生后被亲生父母遗弃，成了一名孤儿。幸运的是她被一对在我国生活了二十多年的加拿大籍韩裔夫妇收养。养父母给了她无私的爱。由于有多处先天性残疾，从小以来小永新经历过多次大大小小的手术。挺过了一次又一次难关的她现在也只能在肚子上挂着尿袋。生活给了永新很多磨难，但也成就了她坚强的品格。

身体的残疾，给她的学习和生活带来许多不便，但她在困难面前从不低头。畸形的肾脏、畸形的胯骨，致使她不能长时间坐或立；膀胱畸形，使她小便不能自控。她每天都带着纸尿片上学，到一定时间就得更换纸尿片。她从小就学会用微笑谢绝老师和同学的特殊照顾，她说："尽量不要因为我影响其他同学的学习。"她以惊人的毅力忍住疼痛坚持学习，收获快乐。

她各科成绩优秀，在班级里名列前茅。她的作文多次作为范文在班级和学校交流。上学期，在全县开展的"学习何玥精神，争当美德少年"作文比赛中，她的作文获得了全校一等奖。郑永新还是名多才多艺的学生。她擅长绘画，也喜欢讲故事。学校、班级的黑板报，在她的组织协助下，深受同学们的喜爱。近几年，她除了在学校组织的绘画比赛中多次获奖，还获得了大大小小很多奖项：阳朔县第十七届青少年"辉煌共和国"爱国主义教育活动绘画比赛优秀奖；2012年阳朔镇中心校"爱国主义读书活动"讲故事比赛一等奖；阳朔县第十九届青少年"建设幸福中国"小学生讲故事比赛三等奖；广西第十九届青少年"建设幸福中国"爱国主义读书教育活动优秀奖。她每学期都被评为"三好学生"、"优秀班干部"。

◀ "好伙伴"和"大家长"

在学校，小永新与同学们真诚相处，乐于助人，是同学们的好伙伴。她各科学习成绩都排在全班的前列，也热心帮助学习有困难的同学解决学习中遇到的问题，用自己的良好学习习惯去影响他们。

　　她喜欢读书，家里有很多课外书。她看到班上的同学也喜欢看课外读物，便将她喜欢的课外书一本本、一箱箱拿到教室与班上同学分享，与同学一同在读书中收获知识的快乐。冬天，她主动、热情地把一些远离学校、中午不能回家吃午饭的同学领回家中和她一起吃午饭，使他们不再挨饿。

　　在家中，她是名副其实的"大家长"。去年下半年，小永新的养母被检查出患有淋巴瘤。在这个特殊的家庭，还有九个和她一样身患残疾的弟弟妹妹。春节过后，养母到韩国就诊，根据院方诊断，治疗需要几个月，养父也需要在她身边陪护。这样，养父只能几个星期往返一次，回家几天安排好他们的日常生活。

　　她牵挂妈妈的病情，她幼小的心灵承受着极大的精神痛苦。她知道养父母的暂时离开，是为了尽快把病治好。懂事的她主动地承担起家里力所能及的家务。每天早早起床帮忙做早餐、午餐、晚餐。饭后帮着收拾，洗刷碗筷。平时弟弟妹妹洗澡、洗衣、晾衣等家务都由她承担。

◀ 非同一般的梦想

小永新有一个非同一般的梦想："我的梦想是创建一所爱心大学。"她梦想中的是一所与众不同的大学，这所爱心大学是为许许多多中国残疾孤儿设计的。

小永新的养父母在收养了她之后，又相继收养了很多个残疾孩子。小时候，永新和弟弟妹妹们都曾经历过残疾孩子入学难的困境。从此，她萌生了专门给残疾人建一所特殊学校的想法。她相信唯有爱心能造就人。小永新说："这样一所学校，能让那些曾因残疾而被离弃的孩子，重新认识自己、发掘自己、定位自己。能让他们在学习中获得新生。"这个

美好愿望的种子撒在了她的心田。为了实现建立爱心大学这一梦想，折翼天使小永新和她的弟弟妹妹们立志从小好好学习，坚强地生活，乐观地面对困难。

互动留言板

我是生活在大都市里的幸福女孩，看了你的事迹倍感羞愧。真诚的付出远比轻易的索取来得快乐！你比我们都"健康"。

吴文琪（14岁）

对这个女孩，我感到既同情又羡慕：同情她童年不幸的遭遇，也羡慕她有这么一个美好的大家庭。希望她的人生从此幸福快乐！

李嘉莉（14岁）

我的梦想感言
请把你的感想写在这里

插画／快乐营儿童美术创意中心　吴文琪　（14岁）

用心观察生活之美

重庆市人民小学　林翰雯

C H E N G　Z H A N G　D E　B A N G　Y A N G

这是个勤于思考的女孩子，常常能创造性地解决生活中的问题。一场险些发生的车祸，引发了她的思考，由此发明的"可甩干雨水的后视镜"，有效地排除了雨天行车中的一个安全隐患。

　　那天的雨下得特别大，雨点像豆子一样噼里啪啦地从空中落下来，砸在来往的汽车上。突然，街上传来一阵急刹车的声音，即使隔着厚厚的雨幕，那声音的尖锐与突兀也未减少一分一毫。到底发生了什么事？原来，一辆汽车在转弯的时候，差点与后面直行的车辆相撞。万幸的是，两辆车的司机都及时刹住了车，并没有真的撞在一起。

　　那天，坐在那辆转弯车上的正是重庆市人民小学六年级的学生林翰雯和她的舅舅。虽然两人都安然无恙，但当时的情形把两人吓得不轻，特别是对尚年幼的林翰雯而言，更是一次不小的冲击。

　　等到情绪平复之后，林翰雯问舅舅："舅舅，那天你怎么没有看清后面有没有车，就直接拐弯了呢？多危险呀！"听了林翰雯的话，舅舅无奈地摇摇头，然后笑着对林翰雯说：

"因为那天的雨下得特别大，把舅舅车上的后视镜淋得都是水，所以舅舅才没能看清后面有没有车辆。"

听了舅舅的话，林翰雯低头沉思起来，原来，那天的事不是舅舅的错，而是因为后视镜上都是雨水的缘故。看来，雨天看不清后视镜，存在很大的交通安全隐患啊！大量查阅资料后，林翰雯发现，现有的各种经过改良的防雨水后视镜，在雨天仍然存在一些不足和缺陷，依旧不能让司机在雨天有清晰的后视效果。那到底怎样才能让司机在雨天依旧能看清后视镜呢？这个问题成了林翰雯之后几天一直在思考的事。

林翰雯平日里是个个性十分安静的姑娘，她虽然话不多，但却对生活怀有一种细致的观察力，她总是用她的心去体味生活中的小事。有一天，妈妈把洗完的衣服放进洗衣机脱水，妈妈一按下按钮，洗衣机就开始快速旋转起来，不一会儿，洗衣机停止了转动。妈妈把那些衣服从洗衣机里拿出来，林翰雯用手一摸，衣服竟然都半干啦！衣服怎么会干得这么快？衣服上原本的那些水都去哪儿了呢？一个个问题在林翰雯的脑子里冒出泡来。

晚上，林翰雯把自己的疑问告诉了爸爸："爸爸，洗衣机是怎样让衣服变干的呢？"爸爸看到林翰雯如此好学，感到非常欣慰，高兴地帮她解答："洗衣机的高速旋转能够产生离心力，能够将衣服上原本带有的水分甩出去，这样就能使衣服变干了。"哦，原来洗衣机脱水是用了"离心力"的原理啊！这时，林翰雯灵光一闪，既然"离心力"能

够把衣服上的水甩干，那它能不能把后视镜上的水也甩干呢？林翰雯马上把自己的想法告诉了爸爸，爸爸一听非常激动，觉得林翰雯的想法具有非常高的可行性。

第二天，林翰雯便在爸爸的协助下开始试验。既然要产生"离心力"，那么就一定需要高速旋转这个前提，于是，林翰雯把后视镜设计成了圆形。经过反复试验，林翰雯终于成功啦！林翰雯的"可甩干雨水的后视镜"，能够像洗衣机一样把雨水甩出去，给司机们在雨天提供了一个清晰的后视效果。此项发明让林翰雯荣获了重庆市第28届创新大赛一等奖、重庆市科学技术院青少年应用科技创新奖。该作品还被《重庆晚报》和《重庆都市热报》报道，随后被众多网络媒体转载，大家都觉得林翰雯的这一项发明解决了一个大难题，一定程度上减少了雨天行车的安全隐患。

不久，林翰雯又在重庆市第24届青少年科技模型大赛（电子百拼）项目中以全场第二的高分获得了一等奖，随后被评为重庆市第二届科技节"科技小能手"。不过，这位"科技小能手"的理想并不是成为一名科学家，而是怀抱着一个艺术家的梦。

林翰雯从小对绘画有着特殊的喜爱，七岁开始跟着老师学习传统的线描画。学习之余，林翰雯花了大量的时间在练习绘画上。假期里，林翰雯会去偏远的古镇写生，她的足迹已经踏遍重庆、四川周边所有稍有名气的文化小镇。通过几年时间的磨练，林翰雯连续四届荣获重庆市中小学生才艺大赛艺术作品绘画类一等奖。

林翰雯在谈及自己的梦想时说道："我的梦想是成为一名画家。从小我就喜欢用线条、色彩来描绘一个事物，在这个过程中我很快乐。在老师的指导下，我的画技一步一步提高，从最单纯的画事物，到加入自己的情感，我爱上了绘画，它成了我无法割舍的爱好。在绘画当中，我品味到了快乐、失败、痛苦，也经历了酸甜苦辣，于是我许下了一个梦想：我将来一定要成为一名画家。实现梦想，不是说，而是做。为了实现这个梦想，我正为之付出努力，在繁重的课业中，我总是挤出一些时间，来练习绘画，在每一次画完后，我都会总结经验，吸取教训。经历每一次磕绊，我都会勇敢地再站起来，因为我始终坚信，有付出，就会有收获，虽然有时不一定成功，但不付出，一定不会成功。"

从林翰雯的一字一句里，都能看出她对于绘画的真切喜爱，以及对于成为一名画家的执着。林翰雯的爸爸在谈起自己的女儿时说道："我的女儿最让我感到可喜与欣慰的是在她的身上有一种坚持不懈的精神，我希望她能够把这份精神一直保持下去。"

一名优秀的画家最需要的品质便是懂得用心观察生活，而林翰雯的身上刚好拥有这样的特质，懂得用心观察生活的林翰雯不仅能够用发明创造解决生活中的难题，也必定能够用她的画笔，描绘出一幅幅五彩斑斓的梦想之图。

互动留言板

"发现问题"到"发明产品"是一个大工程，这需要探究与不懈努力的精神。真心佩服你！

徐苗苗（9岁）

任何发明都需要敏锐的洞察力和丰富的知识为基础。脚踏实地地付出才能收获成功。向你学习！

朱偲桢（14岁）

我的梦想感言
请把你的感想写在这里

插画／快乐营儿童美术创意中心　徐苗苗　（9岁）　朱偲桢　（14岁）

小小志愿者，慈善种子行

成都市树德实验中学　周之源

CHENG ZHANG DE BANG YANG

她阳光开朗、落落大方，总是尽自己所能帮助他人，被大家亲切地称为"爱心丫丫"。她是"成都慈善日"仪式上年龄最小的代表，她希望自己的"红樱桃小书屋"在山区生根发芽，成为照亮那里的一点点光。

　　手与手的紧握，心与心的靠近，爱如溪流歌唱着、流淌着。成都市树德实验中学的周之源，总是尽自己的所能帮助他人，被大家亲切地称为"爱心丫丫"。周之源有一个梦想——成为一名慈善家。她梦想着在深山中筑起座座知识殿堂，用爱传递知识，用这份关心温暖滋润那一颗颗渴望读书的心灵，将科技、知识与梦想带入青翠山林、碧绿小溪，为山里的孩子开拓一个全新的世界，用书籍开启知识的大门。

慈善种子在萌发

　　周之源从小就是个乐于助人的孩子，在幼儿园里，她是老师的小小助手；从小学一年级开始，在父母的带领下，她经常参加公益活动。在老师和家长的影响下，她多年坚持做善事、献爱心，并发动身边的人一起做。她经常在假期中和同学组织"义卖"、进社区、到农村、进福利院，还把自己节约的零花钱也捐给了灾区的贫困群众。

周之源在这样的一系列活动中引起了广泛的关注，还受到了成都市慈善总会的邀请，作为年龄最小的代表参加了首个"成都慈善日"活动，并受到了中华慈善总会副会长邓铜山将军和市政府办公厅副秘书长周万生的会见。周之源说，在这些年纪比她大的哥哥姐姐、叔叔阿姨身上学到了很多东西，她明白，慈善是一种生活方式，渗透到了生活的一点一滴，更表示自己的年纪小，要做的事情还有很多很多。

◆ 大山深处有书屋

十一岁那年，周之源到了大山深处的长宁县梅硐镇高简村，她惊讶地发现，当地的孩子竟然会对一本普普通通的书这样的惊奇、兴奋和喜欢。之源于是就萌发了给小朋友买书的想法。在和父母商量之后，之源就把自己看过的书收集起来，再用自己的压岁钱和爸爸妈妈赞助的钱买了一些新书送到山区，在那里办了一个小书屋。之源给它起名叫"红樱桃书屋"，

点点红樱桃犹如大山深处的繁星，一颗颗樱桃就是一颗颗希望的种子。之源希望，那里的孩子可以从书中了解外面的世界，在书中获得更多的乐趣。一间小小的书屋，一本本五彩的图书，给山区的孩子带去的是温暖，是梦想的种子。

每年，之源都会给小书屋带去新的图书，除了自购图书外，还从同学那里募集到了一些书，小小书屋在慢慢地变大，喜欢待在那里看书的孩子也越来越多了。之源最大的愿望就是多建几个"红樱桃书屋"，使书屋的图书再丰富些，增加一些有关农村实用技术的书，帮助那里的人脱贫致富。目前，之源正在进行考察，和农户商量借房屋一角，将在更高的山上再建一个红樱桃小书屋。

厚积力量待薄发

之源是个懂事的孩子，她知道现在可以帮助别人，在很多方面是得益于父母的支持和帮助。她希望长大后，帮助更多的人，为社会做更大的贡献。因此，在做公益的同时，她对自身的要求也特别高，因为只有打好基础，好好学习，积蓄好力量，长大后才有能力做公益事业，当一名真正的慈善家。

之源的学习成绩非常好，爱好也特别广泛，学主持、学表演、学古琴，积极参加社会活动。目前担任校团委组织部副部长，还是校园德馨电视台主播，主持学校很多的大型活动，并在四川省第八届中小学校园电视评选活动中荣获校园小主

持（中学组）金奖、第十届中国中小学校园影视奖评选活动中获"优秀节目主持人"奖。与此同时，之源一如既往地走出校园，参加电视台、四川人艺以及一些公益机构的社会活动。"参加这样的活动，能够让我拓宽视野，开阔眼界，在活动中也能学到很多东西，对将来实现自己的理想是有很大的帮助的。"说到为此做出的牺牲，之源一笑了之："虽然现在玩的时间少一点，不过想一想未来，也就不觉得苦和累了。"

去年暑假，她完全靠自己的能力和美国著名的艾玛女子中学联系，考上了那里的暑期学校，并只身一人远赴美国去学习了一个月，而且成绩优异，得到学校的好评和奖励。在游学期间，之源仍然不改的是一颗热爱公益的心，她去了美国的儿童福利院做志愿者，陪伴那些孩子去图书馆看书、做游戏，让他们感受到家的温暖。她说："能为他人做点事情，会让我感到自己是一个很幸福的人。"

"不积跬步，无以至千里；不积小流，无以成江海。"现在的周之源正在为将来积蓄力量，努力学习，播下一颗颗慈善的种子；未来的她也怀揣着信念与目标，立志把知识送入大山。

互动留言板

"爱"是发自内心的，心美了，人才更美。你是我们大家的美丽天使，希望你爱的翅膀更丰满有力！

杨怡庭（9岁）

我感受着你的幸福，公益事业需要我们每一个人。让我们一起加入爱的大家庭！

李思瑾（10岁）

我的梦想感言
请把你的感想写在这里

插画/ 快乐营儿童美术创意中心　杨怡庭　（9岁）　李思瑾　（10岁）

无力女孩的大力量

云南师范大学附属小学　肖云迪

CHENG ZHANG DE BANG YANG

她患有先天性肌无力，不能独自站立、行走，甚至举不起自己的手，但她积极乐观的生活态度和坚强的意志感染着身边的每一个人。她在自己的小单车上，唱响了属于她自己的篇章，让人感受到无力女孩拥有的巨大力量。

　　20 本崭新的《新华字典》整整齐齐地叠放在云南寻甸县多姑小学的学生面前，同学们感到既高兴又好奇，高兴的是没字典的苦日子终于结束了，好奇的是眼前这位字典捐赠者：一个"骑"在小单车上的藏族女孩——肖云迪。

　　肖云迪是云南师范大学附属小学的一位小学生。在听说多姑小学的同学学习条件比较差时，她毫不犹豫地拿出了连爸爸妈妈都不让碰的压岁钱，买来了 20 本《新华字典》，亲自送到多姑小学学生的手里。你可能想象不到，这个乐于助人的小女孩自己是一个先天性肌无力的患者。

　　四肢力量微弱，无法独自站立行走，甚至举不起自己的双手……从一出生起，"先天性肌无力"这六个字就仿佛给肖云迪判了死刑，让小女孩的童年蒙上了阴影。这以后，每当同龄小伙伴们在操场上跑啊跳啊，肖云迪只能坐在教室里，隔着窗户向外看；每天清晨，小伙伴们总是三三两两结伴上学，肖云迪则只能由爸爸妈妈背进教学楼。

不过，上帝在关上一扇门的同时，会为你打开一扇窗。面对残酷的现实，肖云迪却有着乐观的态度和坚强的意志。她让爸爸给自己买来一辆小单车，依靠这辆小单车代步，希望能够自理自立，尽量不给父母添太多的麻烦。更令人佩服的是，她在努力克服先天缺陷的同时，还尽自己所能帮助别人。

"怎么啦？快赶不及上课了！"别的同学都高高兴兴地去上音乐课了，只有一个女同学愁眉苦脸地坐在教室里。细心的肖云迪上前询问，得知她忘记带竖笛了，没钱再买一支，又怕老师批评，坐在座位上干着急。"我先借你钱，快去买一支吧！"肖云迪掏出了自己仅有的 10 元钱，解了同学的燃眉之急。类似的小事还有很多，在肖云迪看来很平常。每当有人需要帮助时，她就会毫不犹豫地伸出援助之手。汶川、

玉树发生地震后，肖云迪给地震灾区捐出了全部零花钱；在听说干旱地区的孩子缺少干净的饮用水时，她又捐出了压岁钱买水。相比对别人的慷慨，肖云迪对自己却很"吝啬"，生活简朴，从不乱花钱，压岁钱都有计划地存起来。她说："爱是从点滴小事中体现的，好似茉莉花平淡无奇，却芬芳怡人，带给人幸福。"

除了乐于助人外，肖云迪还热心文明宣传。尽管很难自己动手，但她还是努力要当一名小小文明宣传员。无论是在学校，还是在路上，只要看到地上有垃圾，她就会请爸爸妈妈帮忙捡起来，扔到垃圾桶里。有同学在乒乓桌下爬来爬去，她就主动提醒同学，要注意安全，也不要因为这样做违反学校规定给班级文明扣分。

对于未来，肖云迪有自己的想法。她梦想成为一名歌唱家，唱出优美的歌曲，唱出自己的感受。小时候，肖云迪经常在电视上看到有歌唱家参加赈灾演唱、义务演出，得到的捐款救助了许多灾区民众，帮助了许多有困难的失学儿童，这些画面让她在心里种下了当歌唱家的梦想。她也想和这些有名的歌唱家一样，通过自己的演出来帮助更多需要帮助的人。于是，音乐成了肖云迪最大的兴趣。因为身体原因，肖云迪没有条件去学习各类乐器，她决定专攻唱歌。每到星期六，肖云迪都会到著名歌唱家王郁芝老师的家里学习唱歌。学唱歌的过程很辛苦，而肖云迪更要付出比寻常人多一倍的精力，克服了许多困难：努力挺直柔弱的脊梁，尽量完成老师的要求；全力调整自己的气息，使自己的音量与其他同学保持一致……经过多年的刻苦练习，肖云迪已经达到了业余组八级的水平。

"帮助别人，快乐自己"，这如今已经成为肖云迪的座右铭。她说："在我的生活中，我得到了许多人的帮助——家人、老师、同学、朋友甚至是陌生人，他们都给了我无私的关爱，我也希望将这份爱传递给有需要的人。每当帮助了别人，我就觉得自己收获了一份力量，每当克服了困难，我就增加一份自信，在爱与被爱的过程中，我收获了友情、快乐、幸福、欢笑与坚强。人永远不可能独自一人活在这个世界上，我更

愿意将美好的一面留给他人。"目前，肖云迪已经开始积极寻找能参加义务演出的机会，用得到的捐款帮助类似寻甸县多姑小学的困难学生。

互动留言板

　　"帮助别人，快乐自己"这是你的座右铭。但是，这种快乐需要你比他人付出多几百倍的勇气和毅力。为你获得快乐的方式而感动！

曹可萱（9岁）

　　你的坚强正在为身边人谱写最动听的歌曲。那歌声是"天籁"之声，无比幽远……

郑以希（11岁）

我的梦想感言
请把你的感想写在这里

插画／快乐营儿童美术创意中心　曹可萱　（9岁）　郑以希　（11岁）

"航模小子" 的军人梦

黔东南州凯里市第二中学 姜衔

CHENG ZHANG DE BANG YANG

"航模小子"也是"萨克斯小子",拿手的还有出黑板报和唱歌,这么个多才多艺的男孩子,他的人生理想是当一名军人,因为在他看来,高尚和勇敢才是最可贵的品质。

　　在凯里二中，你会看到这么个男孩：十四五岁，圆圆的脸上总是洋溢着温暖笑容。他一会儿在黑板报前与小伙伴们讨论板报内容和花边的样式；一会儿挥舞着大扫帚参加学校大扫除；一会儿又在深情地演奏萨克斯，俨然造诣高深的音乐家。这不，学校广播"凯里二中校园之声"又传来他独特的嗓音。在眼花缭乱的同时，你会不禁疑问：这是同一个人吗？他是谁？别急，姜衔来报到啦！可人家最拿手的是航模，人称"航模小子"。

　　小学四年级的时候，姜衔无意中听到老师提起航模，说航模如何如何有趣，且能把所学的很多数学、物理知识运用其中。从小就喜欢"动手"的他被说得心痒痒的，带着极大的好奇心参加了学校的航模培训班。之后，他发现航模真的是太有趣了！航模训练一点都不累！再后来，就更是一发不可收拾：越学习，兴趣越大，获奖越多，姜衔成了凯里二中人人皆知的"航模小子"。从贵州省青少年航空航天模型比赛"线操纵"第一名到全国青少年航海模型教育竞赛"杭州号"航向赛三等奖，省内到国内，一路过关斩将，姜衔收获了满满的自信，深深体会到将知识运用于实践的甜头。

可这一路走来，有欢笑，也有泪水。姜衔永远都不会忘记老师是如何贴心安慰第一次参加比赛因成绩不好而沮丧不已的自己的，不会忘记那一摞摞卷边的航模资料，还有为了找到合适的零件，顶着烈日逛遍凯里五金店的夏天。如果他记得不是很清楚了，五金市场外的蝉儿会告诉我们：一个男孩，衬衫、短裤，虎头虎脑的，在一家家五金店进进出出。他仔细描述着，时不时加上手势，恨不得生有一百张嘴；耐心点的老板会帮忙找找，急性子的则直接摇头摆手。可他还是不放弃，继续寻找，顾不上喝口水、擦擦汗。终于，功夫不负有心人——在一家店里，男孩找到了想要的宝贝，高兴得抱着老板跳了起来，满眼的笑容异常生动，留给一旁店员的是一脸的诧异。

"航模小子"不仅会做航模，还会修航模。有一次，姜衔发现自己的一个模型不动了，线啊，翼啊，什么都检查了一遍，还是没搞清楚。他开始遵循以往的做法：上网查资料、翻看《航空模型》杂志、请教老师。一番捣腾，还是没有头绪。静下来思考的姜衔突然灵机一动，有了——为什么不把没问题

的模型的重要部件和它换一换？那样不就可以很快确定是哪个部位出问题了吗？说干就干。遥控器、接收机、舵机、机翼，都没有问题，姜衔心里有点急了。难道？卸下、装上，再卸下、再装上，姜衔很快发现问题在于因长期磨损而罢工的发动机。看着换了发动机的模型又可以起飞了，他心里快活得像一只飞翔的小鸟。

通过航模，姜衔在动手能力不断提高的同时，心理也发生了微妙的变化。记得那次厦门比赛是姜衔第一次代表贵州参加的全国性比赛，看到赛场上高手如云，竞争如火如荼，很多材料自己甚至见都没见过，心高气傲的他有点蒙了。但姜衔很快就调整好心态，告诉自己：姜衔别慌，你就是来学习的，赶紧丢掉以前的光环！随后姜衔与老师认真讨论、研究，根据场地具体情况，确定了详细的实施方案，克服重重困难，最终获得航向赛三等奖。这次比赛让姜衔真正明白了"山外有山，人外有人"的道理，变得更谦逊了，也结识了很多"航模牛人"，不再拘于一隅，视野更开阔了。

航模让姜衔确定了自己的梦想。和很多孩子一样，"航模小子"姜衔曾经有许许多多的梦想：飞行员、画家、科学家、音乐家……可自从爱上了玩航模，如果你问："姜衔，你的梦想是什么？"他会马上毫不犹豫地告诉你："当一名国防军人！"在军人的所有品质中，高尚和勇敢是姜衔最推崇的，他希望自己成为这样的一个人。当谈及理想的时候，姜衔的眼睛里闪着星星般的光辉。他对实现理想的规划是这样的：继续做航模，努力学习，争取考上一所好的国防大学；毕业后，进入国防科研机构工作，为祖国国防事业做贡献，改变中国一些重要技术需要依赖进口的现状。当他在电视上看到中国海军第一艘航空母舰"辽宁号"的时候，姜衔的眼睛一刻也不舍得离开，晚上兴奋得睡不着觉，第二天到网上找到"辽宁号"的相关视频，反反复复看上很多遍。姜衔现在成了"小小航母通"，对航母知识他如数家珍，娓娓道来，简直给他三天三夜也说不完。他知道我们国家的航母技术离世界最先进水平还有一定距离，但他坚信，自己梦想实现的时候，航母的"中国梦"也会实现的。

姜衔喜爱读书，小学时就把《论语》背得滚瓜烂熟，今年还获得凯里市"宋庆龄爱心书库"读书征文比赛中学组一等奖。作为班级学习委员，他从小学一年级至今每年获得"三好学生"荣誉称号。在做好自己的事情的同时，姜衔非常乐意帮助同学，

在班里有很多朋友……这样好学又会玩的男孩，我们相信他一定能实现梦想。

互动留言板

姜衔是一位各方面都很优秀的同学。他能在航模比赛中一次又一次获奖，真是不简单，他刻苦研究的精神值得我们学习。

周　晓（13岁）

希望姜衔同学能实现自己的理想，也为中国国防事业做出自己的贡献，让我们的祖国更加强大。

董嘉瑄（13岁）

我的梦想感言
请把你的感想写在这里

插画／奉贤区四团小学　周　鹏　（10岁）

阳光女孩普姆琼

日喀则地区拉孜县中学　普姆琼

C H E N G　Z H A N G　D E　B A N G　Y A N G

她学习成绩优秀，尊师友爱，严格要求自己。不仅关心集体，而且以实际行动关心帮助身边的每一位同学，在学校团队活动中发挥着重要的作用。她的孜孜不倦和努力拼搏赢得了老师和同学们的认可，也结出了累累硕果，她就像雪域高原的阳光，散播着光明和温暖。

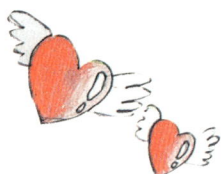

西藏自治区日喀则地区的拉孜县，是日喀则西部大县之一，位于西藏自治区西南部，念青唐古拉山西部，是日喀则地区西部七县必经的要塞。因为拉孜县地理环境相对较好，农业生产相对发达，历来就是西藏后藏地区的粮仓之一。

尽管如此，拉孜和东北、华北、江南这样的农业发达地区相比，和东部的发达城市相比，仍然有着很大的区别。这里的大多数家庭都以务农为主，一家老小靠着几亩田地，经济条件本来就不好。因为气候干燥，当发生旱灾、春雪灾和冻寒时，粮油减产，农民减收，生活就变得更加困难了。

普姆琼，就是生活在这里的一位藏族姑娘。现在，她是拉孜县中学初二的学生。

普姆琼的爸爸妈妈都在家务农，家庭条件困难。兄弟姐妹四人中，她是最小的，却是最懂事的。照片上，这个十四岁的女孩子，朴实无华，方正持重。

因为学校离家比较远，多数同学住校，普姆琼的自理能力就显得特别突出。在学校，她不仅能料理好自己的饮食起居，还经常带领班里的同学在宿舍搞卫生，有时候她还帮同学一起洗校服、整理床铺。虽然班里同学们年龄差不多，但她就像是他们的好姐姐、好榜样。

普姆琼读书非常刻苦，除了上课的时间以外，早上背书，起得最早的，是她；中午午饭过后，带头到树荫下看书的，又是她；晚上，坚持做练习不到十二点就不肯睡觉的，还是她。课前，她认真做好各门功课的预习，找出不会的字、词、难以理解的问题，上课带着问题认真听讲，思维跟着老师的讲课内容走，积极思考老师提出的问题，踊跃发言。课后，她能按时保质保量完成老师布置的各科作业，及时复习。其他同学玩的时候，她却抓紧时间看书学习，养成了阅读课外书的良好习惯。因此，她小小年纪就有了较广阔的知识面。她的孜孜不倦和努力拼搏赢得了学校、老师和同学们的认可，也结出了累累硕果。从小学到初中，她一直都成绩优秀，在年级里名

列榜首。

　　和城里的孩子不一样，普姆琼小小年纪就对读书改变命运有着非常清晰的认识。她说："我是一个农村的孩子，家庭条件十分贫困，读书可以帮我改变家庭生活状况，可以改变我的命运。我目前的心愿是，希望通过自己的努力，考上重点高中，实现自己和父母的小小心愿，为上大学打好基础。"这个小小的心愿多么朴实。为此，她付出了多么艰辛的努力。

　　说到梦想，普姆琼说："我最大的梦想，就是做一名医生，为乡亲们治病，减轻他们的病痛。"高原上的农村，医疗条件落后，村里没有诊所，乡亲们生病就只有往乡政府所在地跑。可是从村里到乡政府所在地，就是坐手扶拖拉机也要半天才能到。在普姆琼的家乡，交通不方便，村里只有几户人家有手扶拖拉机，其他人家要是去看病大多只能坐马车，延误了病情，耽误了治疗，乡亲们就只能痛苦地挨着。普姆琼从小看着乡亲们被病痛折磨，自然就萌生了这个梦想："长大当医生，这是我的选择，而且是永远不会改变的选择。"为了这个远大的梦想，她正一步步踏出坚实的步伐。

　　普姆琼不光自己刻苦学习，还经常帮着同学一起学习，碰到同学不懂的，普姆琼就干脆当起了小老师。她的同班同学旦巴，成绩一直处于中下游，自己也越来越没信心，渐渐失去了学习的兴趣。老师安排他和普姆琼同桌，希望他能受到普姆琼的影响，慢慢找到学习的好方法。为了帮助旦巴尽快赶上来，普姆琼动了很多脑筋，想了很多办法。比如辅导数学，普姆琼就把老师上课讲的例题和作业相关的知识点一个一个重新给旦巴解释，讲完再布置少量的练习题给他巩固。如果一次讲解练习，他没有掌握，普姆琼就再讲第二次，练习第二次，一直到他完全掌握为止。辅导英语和汉语，普姆琼除了毫无保留地把自己记英语单词的办法全部教给他以外，还每天给他布置背诵任务，每天检查他的完成情况。在普姆琼的帮助下，旦巴一天天进步，期末考试的时候，他的成绩已经提升到了班级第十三名，渐渐恢复了对学习的兴趣。这样的进步让老师们都吃了一惊。

其实，这只是普姆琼关心同学、帮助同学的一个缩影。还有一次，因为老师在课堂上讲到绿色植物可以吸收二氧化碳，释放氧气，对净化空气有帮助，对在教室里学习的同学们有益，她就主动把家里的三盆花都拿到了教室。

正是因为善良、真诚和热心助人，普姆琼成为班级里最受欢迎的同学，曾多次被评为"三好学生"和"优秀班干部"，还多次获得学校的一等奖学金。

拉孜，在藏语里的意思是"神山顶，光明最先照耀的金顶"。生在拉孜、长在拉孜的普姆琼，就有一颗阳光般的心，她就像一颗小小的太阳，向四周散发着光明和温暖。

互动留言板

　　普姆琼是一位好学的女生。她的学习条件和生活条件都很艰苦，但是她热爱学习，也热爱班集体，她这种积极向上的精神值得我们学习。

施皓敏（16岁）

我的梦想感言
请把你的感想写在这里

勇敢追梦的正能量女孩

西安市碑林区西安交通大学附属中学分校　常艺璇

CHENG ZHANG DE BANG YANG

她发扬中国传统文化，和同学们一起组织成立了"汉服社"，传播汉服文化，丰富了同学们的精神生活，还感染了身边的人，让大家都更加热爱生活。

常艺璇就读于西安交通大学附属中学分校初三年级。十四岁时，父亲突然病故，面对着突如其来的变故，年幼的她坚强勇敢、乐观自信，经常陪伴母亲，自觉完成力所能及的家务劳动，勇敢地挑起了家庭的生活重担，和母亲相互扶持、共渡难关。正是这样一段成长经历，不断丰富了她身上的正能量，她希望用自己的行动来感染身边的人，让他们对生活也有美好憧憬。

◀ 品学兼优的女学霸

入校后，常艺璇一直担任班长。对待工作，她热情积极，与各位班干部密切配合，积极落实学校和年级中心的工作，热心为大家服务。她结合班级实际，与班委一起制定了班规班训，认真管理自习课纪律，策划组织了"学月大会"，每月由各个班委对班级各方面情况进行小结，肯定成绩，发现问题，提出办法，实施改进。此外，她还协助班主任开展了如"学雷锋进社区"、"《三字经》诵读"等课外活动。学校每次召开家长会，她都主动留下来布置教室，发放资料，协助班主任做好准备工作，是老师的得力助手。

在为班级和同学服务的同时，她从未耽误自己的学业。对待学习，她态度端正，求知欲强，勤奋刻苦，善于动脑，认真作业，不断钻研，优化学习方法，学习成绩优异。参加第五届、第六届"全国中学生语文能力竞赛"荣获二等奖，在2012年通过"全国英语等级考试"达到二级水平。另外，她还积极参加学校组织的诸如与国外交换生交流互访等活动，不仅提升了自己的口语水平，而且培养了自信大方的气质。

◀ 发扬传统文化　成立汉服社

她四岁开始练钢琴，分别在第七届、第八届、第九届陕西省"春芽杯"中小学生艺术比赛中荣获奖项，此外，她还在"KAWAI"杯亚洲青少年钢琴比赛、"金葵花"杯全国钢琴大赛中取得过优异成绩。

与此同时，她还能努力继承和发扬

中国传统文化，和同学们一起组织成立了学生社团联合会之一的"汉服社"。常艺璇说："现在很多人都对汉服知之甚少，刚开始开设社团的时候，很多同学都以为汉服就是中国古代汉朝的服装。汉服是汉民族的服装，当我看到电视里每每召开大会，都穿着西装与礼服，我就觉得很遗憾，因为现在有那么多的汉族人甚至都不知道汉服，更别提发扬汉服文化了。我非常想把汉服和它的故事告诉更多的人。"于是，常艺璇在汉服社里面通过自己购置汉服，宣传汉服文化，还在学校的艺术节上参与了有关的汉服表演及文化展示活动，在老师、同学之中产生了一定的影响。越来越多身边的同学也为此喜欢上了汉服。这些活动不仅丰富了她的精神生活，还感染了身边的人，让大家都更加热爱生活。

◀ 梦想生根发芽

说起自己的梦想，十五岁的常艺璇说，她到目前都没有确定自己人生的方向，每个阶段有每个阶段的目标。"我近期的梦想是成为一名职业的插画师！"常艺璇说，每每看到杂志上别人画出的流畅的线条和细腻的色彩，她便充满了羡慕与崇拜。她觉得，插画师并不只是画画，而是一份充满梦想的职业。每个人都有梦，每个人也都有追梦的权利，"我所渴望的，便是用手中的画笔，去表现我心中的一方净土和我一直追求的美丽的世界。"

而为了实现这个梦想，她会在课余时间多多练习绘画技巧，多注意观察生活的细节，更重要的是，她一直充满着对这个世界的热爱，只有心中有美和对美的追求，才能努力发现生活中的点滴美好，并用自己的方式表现出来。

常艺璇还准备和同学一起研发一款手机应用软件，在早上，从起床一直到上学、上班这段时间里给用户提供推送服务，内容是一段音乐、一篇小文或一张美图，能够给每个人的一整天带来憧憬。"我们推送正能量的东西，因为生活本来就应该是充满希望的！"常艺璇的乐观感染了身边的每一个人。

常艺璇同学是个有涵养、有责任心、有创新能力和有博大胸怀的优秀学生。青少年应敢于有梦,勇于追梦,那么,就让她在追梦的路上披荆斩棘,一路前行吧!

互动留言板

"汉服社"推广汉服知识,推广民族文化。谢谢你赞美我们民族的文化并为它的传播而努力。

张紫琦（13岁）

原来还有"汉服"这样一种服装,我们祖国有这么多民族!每个民族都有自己灿烂的文化遗产,真让我感到骄傲和自豪!

朱旭飞（14岁）

我的梦想感言
请把你的感想写在这里

插画/ 快乐营儿童美术创意中心　　张紫琦　（13岁）
　　　　奉贤区泰日学校　　　　　刘晶晶　（12岁）

坚持做365天的 "拐棍"

固原市原州区第二小学　马　磊

C H E N G Z H A N G D E B A N G Y A N G

他是个平凡的孩子，却做着不平凡的事情。每天上学、放学，他都默默无闻地帮助着他的同桌——一个不能独自行走的同学，他支持着同桌上学期间一切的学习和活动，且坚持了一年多，被誉为"最美红领巾"。

　　一年多来，在宁夏回族自治区固原市原州区第二小学的校园里，老师和同学们总能看到一名戴着红领巾的虎头虎脑的少年搀扶另一名残疾的少年进出学校、上厕所的身影。红领巾男孩名叫马磊，是六年级一班的学生。自从同桌金福患病后，马磊义无反顾地承担起帮助同桌在校进行一切学习和活动的任务，成为他的"拐棍"，并且一年来如一日，悉心照顾他。小伙伴们被马磊的故事所感动，区教育局、学校也因此授予他"最美红领巾"的称号，中央电视台、固原市电视台纷纷报道了他的事迹，而这个朴实的小男孩却说："这是我应该做的，人与人之间都应当互相帮助、互相爱护。"

　　故事要从一年前说起，马磊的同学金福患上了脊髓细胞瘤，暂别校园。肿瘤损伤了金福脊髓里的神经，虽然先后经过了多次手术，但最终没能完全治愈，留下了残疾。由于肿瘤压迫脊柱，金福的身体严重变形，以致内脏移位。现在，金福胸部以下感觉迟钝，下肢麻木、僵硬，对大小便没有感觉，经常尿裤子。因为病，金福已经驼背，而且基本失去了行走能力。

金福重新回到校园后，马磊就成了他的同桌，两人的课桌在教室第一排第三张，金福的座位在外侧。每天早晨七点多，金福的妈妈用电动车把儿子送到学校门口，马磊早已等候在那里，接替金福妈妈搀扶金福到教室。上课了，学校每节课是45分钟，因为金福患病对大小便已经没有明显的知觉，为了不影响其他同学，每节课马磊都要主动提醒他，并且搀扶他最少去两趟厕所。一天下来，马磊要扶着金福去厕所十几次。每一次，马磊都要先把他从座位上扶起，小心翼翼地慢慢向厕所挪动。到了厕所，马磊帮助金福脱了裤子，在一旁守候，然后再帮他穿好裤子，一步一步扶到教室里坐下。

到了课间休息，马磊也没有扔下金福，而是陪伴在他左右。看到其他同学能出去玩耍，金福很羡慕。于是，马磊便扶着金福到教室外看他们玩耍，感受快乐的气氛。中午吃完饭，也常常能看见马磊陪着金福聊天的场景。

下午五点半，放学了，两个人总是坐在教室

里做作业，直到校园里没有了喧闹声，等候在学校门口的家长和学生散去，马磊才搀扶金福来到学校门房。其他同学从教室走到校门口只需要一两分钟，但金福至少需要七八分钟，马磊每次都是耐心地帮助他慢慢走。

就这样，日复一日，一年多来，只要上学，当好金福的"拐棍"就是马磊每天的必修课。

其实，马磊从小就很懂得照顾人，有一颗无私帮助别人的心，无论是亲人还是伙伴。马磊的家境并不是很好，小小年纪的他就承担起了照顾患病的妈妈的责任。马磊的妈妈患有胸腺瘤，动过手术，后来又查出患有重症肌无力，长期需要服药、又不能干重体力活。他的爸爸为了一家三口人生活，长年在外打工奔波。虽然缺少父母监督，但马磊从不外出玩耍，而是规划好时间，兼顾学业和家务。每天接送金福后，马磊回到家做完作业，热上饭菜，并帮父母干些简单的家务。到了周末不用上学，他会做些费时间的家务，比如洗自己和

妈妈的衣服。这个腼腆的男孩说："照顾爸爸妈妈是我的责任，帮助关爱小伙伴是一份快乐，我很乐意做这些。"

马磊是个平凡的孩子，却做着不平凡的事情。马磊成了全校、乃至全市同龄人的榜样。然而，对于帮助金福的事，马磊很低调，他从没宣扬过，甚至连爸爸妈妈也不知道。在他看来，在学校这个大家庭里，每个人都应该互相帮助、互相爱护。他是一个健康的人，更应该主动帮助病残的同学。

对于未来，马磊有着自己的梦想："我的梦想是好好学习知识，努力当一名好医生，因为这样可以给我的妈妈和金福治疗，让他们摆脱病魔的折磨。如果我成了医生，我还要为困难的家庭和人们减免医疗费，这样就可以不让他们因为医疗费不足而感到忧愁，可以让他们的病好得更快，让他们健健康康的！"

做一天好事不难，难的是坚持。谁说在新时代，雷锋精

神过时了？马磊用实际行动，继承着雷锋叔叔的精神——不靠一时的热血和激动，而是坚持不懈、始终如一的无私付出。

互动留言板

马磊同学作为一名六年级的学生，每日默默无闻地帮助同桌，这份坚持和对同学的真挚情谊使我敬佩。

梁 敏（13岁）

马磊同学自己肯定也有很多事情要做，但是他却愿意牺牲自己的时间去帮助残疾的同学，还尽心尽力，这点令我敬佩。

张 弘（13岁）

我的梦想感言
请把你的感想写在这里

插画／宝山区少年宫　张　弘　（13岁）　梁　敏　（13岁）
　　　　　　　　　　黄乐谣　（13岁）
　　　　吴淞初级中学　黄诗雨　（13岁）

我要成为"中国的南丁格尔"

张掖市高台县西街小学　柴文艳

C H E N G   Z H A N G   D E   B A N G   Y A N G

年仅十岁的她一面上学，一面帮助父亲料理家务：洗衣、做饭、打扫、照顾爷爷的起居等。艰辛的生活，并未影响到她的学习，她的学习成绩非常优秀，是班级里的佼佼者，她要成为中国的南丁格尔，用自己的双手帮助更多的人。

　　"我要成为'中国的南丁格尔'，帮助许多人战胜病魔。"
这个理想来自甘肃省张掖市高台县西街小学的一名五年级
学生——柴文艳。和同龄人相比，她生活在一个总有磨难
降临的家庭。父亲是当地的农民，家庭收入主要靠种地。
母亲在柴文艳三岁那年因肺癌病逝。在母亲生病治疗期间，
家庭欠债十多万元，而年迈的爷爷生活无法自理。为了这
个家，学习成绩优异的姐姐不得不辍学，走上外出打工的
道路。就这样，年仅十岁的柴文艳一边上学，一边帮助父
亲料理农活、操持家务、照顾爷爷的起居，用小小的肩头
扛起家庭，扛起梦想。

做家里的第三个"大人"

"我的老家在山区，那里行车不便，天气冷，一年四季雨水很少，我是农民的孩子，我知道，没有水就种不出粮食。"记者翻开柴文艳的奖学金申请书，看到了这段沉甸甸的文字。农忙季节，许多农活只有身强力壮的大人才干得了，这时，柴文艳会成为家里的第三个"大人"，用瘦瘦的肩膀扛稻米、收玉米，扛起了家里的重担。

从农田回到家，还不是翻开书本的时候，柴文艳到家后的第一件事，就是为爷爷和爸爸生火做饭。像洗衣这样的家务，本不该是她这个年龄孩子做的事，但懂事的柴文艳已经为家人做了好几年了。家里没有取暖设备，冬天，只能用田间的杂草来烧火炕，这些，也全都由刚过十岁的柴文艳来完成。"其他小伙伴玩耍的时候，我可能还得喂猪、喂鸡，但这不算什么，今天为爷爷爸爸忙农活，明天让他们看到我成才！"

柴文艳告诉记者，干完了一天所有的家务事，才是她最高兴的时刻——爷爷和爸爸会一起看着成绩优异的她做作业。爸爸尽管没念过几天书，却还

会在一旁指点一二。"这都是希望我有出息呗！"说起这个，柴文艳满脸的自豪。

立志成为"中国的南丁格尔"

在老师的教育和父亲的关心下，柴文艳养成了良好的学习习惯，她学习专心，勤学善思，经常主动与老师同学交流学习心得，并从中获得了很大的进步。自上小学以来，她一直是班级里的佼佼者，每年都被评为"三好学生"、"学习标兵"、"作业之星"、"优秀少先队员"等。

家庭虽不完整，却也教会了柴文艳许多。"从小爸爸就告诉我，立志读好书、做好人，回报社会。"柴文艳也一直追求着自己的理想：帮助每一个有困难的人。在同学们看来，柴文艳对待所有人都很真诚，伙伴们在学习和生活上遇到

困难，她总能及时伸出援手。在自己所在的班级，她一直担任班长、语文课代表、升旗手。值得一提的是，她还组织了多次中队活动，丰富了班级的文化生活，提高了班级的凝聚力，班级也仿佛成了一个大家庭。在她的策划组织下，全班同学都定期美化校园，清洁学校周边环境，她还因此被学校评为"爱护环境小卫士"。

采访中，柴文艳告诉记者，她觉得医护人员是最美的，自己的梦想是成为一名医生或护士，一名有责任心的医护人员。因为他们可以救人，在妈妈离开自己时，她幼小的心灵深处就埋下了这个梦想。

"我从书里知道了南丁格尔，我要成为'中国的南丁格尔'。当我看到许许多多的人被疾病所困扰，因为疾病而失去生命时，我的脑海中就会出现自己穿上白大褂、拿着听诊器的样子，我想让生病的人摆脱病魔的纠缠，重获健康。"柴文艳认真地说，"如果我遇到病人，我会亲切地安慰病人家属，鼓励他们，让他们摆脱悲伤和绝望，用自己全部的力量帮助病人！"那么，实现这些又该做些什么呢？柴文艳已经先同龄人一步，为

自己制定好了目标：学好文化知识，将来报考医学院校，向做一名医德高尚、有责任心的医护人员的目标迈进。

互动留言板

柴文艳同学小小年纪就没有了妈妈，她一边帮爸爸做家务、照顾爷爷，一边还要上学，她的成绩能这么好，真不容易！我觉得柴文艳同学很善良，她一定能成为"中国的南丁格尔"！

王一达（12岁）

我的梦想感言
请把你的感想写在这里

插画／虹口区青少年活动中心　施皓敏　（16岁）　黄茜楠　（16岁）

要做建筑师的藏族女孩

玉树州红旗小学　陈林琼措

CHENG ZHANG DE BANG YANG

她恪守"一分耕耘，一分收获"的信念，以快乐的心态和积极向上的精神影响着她身边的同学们。地震期间，她利用业余时间在医院担任"小翻译"，为医生和患者搭建起沟通的桥梁，把温暖和快乐带给他们。

藏族女孩陈林琼措，是青海省玉树州红旗小学五年级的学生。自从 2009 年踏入玉树州红旗小学以来，陈林琼措一直恪守"一份耕耘，一份收获"的人生信条。她自觉学习，刻苦钻研，努力探究，成绩始终名列前茅，更重要的是，她还用自己乐观开朗和积极向上的生活态度，不断激励着伙伴和身边的人。

从不轻言放弃是座右铭

长期以来，陈林琼措用优异的学习成绩和良好的思想品德赢得了老师和同学们的信任。在班级同学眼中，陈林琼措是个"从不轻言放弃"的女生，对于那些不会的习题，她总是尝试运用所学的知识变换不同角度来分析，直到解出题目为止；对于那些会做的题，她还会举一反三，用不同的方法去解题和验证，把它真正地弄懂，并从解题过程中找到最有效的方法。正是这种学习上的执着劲儿和探究精神，让她各科成绩都十分优异，并且每年都获得"三好学生"、"优秀少先队员"等光荣称号。

不仅自己学得出色，陈林琼措还是老师的好帮手。身为数学学习委员的她，不管自己学习到多晚，都会坚持把

班级的事情完成好。在老师、校长的眼中，陈林琼措是一个很有灵气的女生。"请珍惜自己的特长"、"发挥自己的长处，把美传递给更多人"，她的学生手册上，满是这样的评语。

然而，这样的热心，却在今年给陈林琼措带来了困扰。

原来，进入五年级，学业加重，父母怕担任班级职务影响陈林琼措的学习，提出"可不可以不再像以前那样管那么多的事，卸下班干部，退出舞蹈队"的要求。可是陈林琼措不听，她在一封给班主任的信里写道："虽然当班干部很累，但为了班级这个大家庭，我愿意付出。"就这样，陈林琼措更加热心地帮助学习上有困难的同学，自己完成作业后，她并不急着离开教室，而是来到有困难的同学之间，和他们一起"打败"难题，就这样，在五年级时，她再次获得了"优秀班干部"的称号。

◀ 传递快乐的百灵鸟

陈林琼措觉得，一名少先队员除了要学习好，肩上更担负着一份社会责任。"把爱和智慧传递给身边的人"也是她为人处世的宗旨。在 2010 年玉树发生地震后，她主动来到第二炮兵的方舱医院，担任"小翻译"。当医院里收治的

藏族伤员因语言不通而无法和医生很好地沟通、影响治疗的进程和情绪时，她就发挥了很大的作用。她利用业余时间为受伤的叔叔、阿姨传递需求，不但在医生和伤员之间搭建起了沟通的桥梁，还把温暖和快乐在医院播散开来。医院里有了这只"快乐的百灵鸟"，笑声多了，抱怨声少了。不少伤员康复出院前，都会找到陈林琼措和她告别，有些叔叔阿姨直到这时才想起问她的名字和学校，陈林琼措总会微笑着告诉大家，并不忘加上一句："希望您把这份快乐带到生活中，明天会更好！"

陈林琼措告诉记者，自己的梦想是当一名工程师。原来，在那次地震中，家乡的许多房屋都损坏了，很多人失去了家园。"如果我是一名工程师，就能根据家乡的地形，设计出最坚固、抗震的房子，即使面对强烈的地震，也能尽量地避免损失，挽救更多人的生命。"梦想看上去离自己很远，而陈林琼措认为只要努力就能实现。为了实现自己的梦想，现在，就有很多事要做，比如继续好好学习，为将来打下扎实的基础；再比如做弟弟的榜样，希望他和自己都能成为一个对社会有用的人，用自己的力量建设家乡，报答父母的养育之恩。

互动留言板

她会用自己的特长来帮助别人，比如让医生和伤员能顺利地交谈，还把温暖和快乐带给大家。这种积极向上的精神和快乐的心态让我很受启发，有机会，我希望也能用自己的特长帮助别人。

施皓敏（16岁）

我的梦想感言
请把你的感想写在这里

插画／虹口区青少年活动中心　施皓敏　（16岁）

用语言打破那道无形的墙

和田地区民丰县民汉小学　褚玥

C H E N G　Z H A N G　D E　B A N G　Y A N G

她敢于挑战，努力学习维吾尔语，她用清晰流利的维吾尔语演讲了关于民族团结的内容，荣获了和田地区少数民族少儿双语口语大赛的一等奖。她想让汉族和维吾尔族的孩子永远相亲相爱，因为大家都是中国这个大家庭里的兄弟姐妹。

　　语言是人类历史上最重要的发明，因为它开启了人与人之间的沟通，拉近了人与人之间的距离。或许这正是褚玥花费心思学习维吾尔语的原因。褚玥所在的民汉小学里，维吾尔族学生比较多，他们对汉语的理解相对困难些。由于语言不同，交流起来不方便，渐渐的，汉族学生和维吾尔族学生之间形成了一道无形的墙。细心的褚玥看在眼里，急在心里。褚玥下定了决心，要让同学们能够相互沟通、理解，打破这道无形的墙，与其改变别人，不如改变自己。那天，她做出了一个重大的决定——学习维吾尔语。

　　学习维吾尔语可不是一件容易的事，要放在对维吾尔语一窍不通的褚玥身上，那就更难了。一开始，褚玥向自己同班的维族同学拜师，请他们教自己单词。每一个单词，褚玥都要一遍一遍地练习，可过了不久，问题就出现了：有时候第一天学会了，第二天又忘了，这该怎么办呢？为此，小女孩绞尽脑汁，甚至用上了"土办法"——在单词上标注汉语拼音和汉字。平时只要一有时间，褚玥就摊开书本，自己学读单词，碰上一两个维族同学，那就更好了，让他们帮着矫正口语发音。有时在校园里遇到了维族老师，她也会鼓足勇气上前向老师请教。正是这种锲而不舍的精神，让褚玥渐渐地从单词到句子，最后终于掌握了维吾尔语的发音技巧，能和维吾尔族同学进行一些日常的交流。

离开学校，她也没有闲着。在妈妈开的一间小店里，褚玥可是标准的小翻译，那些维吾尔族朋友，看到一个汉族小女孩能熟练地说维吾尔语，非常惊讶，高兴之余还不忘再教她一个单词或一句话。褚玥总是很珍惜这些难得的机会，大胆地和他们交流，如果没学会，她还缠着人家不放呢！在一次次的交流中，褚玥的口语不断地进步，往来之人都对她竖起了大拇指。

　　考验成果的时候终于到了。褚玥主动要求报名参加和田地区少数民族少儿双语口语大赛。比赛场上，这个汉族小女孩用流利的维吾尔语演讲了关于民族团结的内容，大方的仪态和清晰流利的发音引来了观众和评委们的热烈掌声。一位评委亲自走到她跟前，一边握手祝贺她，一边用维吾尔语告诉她："你的维吾尔语说得太棒了！希望你能当好语言小使者，让汉族和维吾尔族的小朋友成为好朋友。"褚玥说，相比于获得这场比赛的一等奖，她更记住了评委的这句话，"让汉族小朋友和维吾尔族小伙伴手牵手"，这不正是我要努力去做的吗？至此之后，褚玥对维吾尔语越发喜爱，在学习之余，她开始带动身边的汉族小伙伴一起学习维吾尔语，这时候的她，俨然成了一个称职的小老师。

除了教会小伙伴用维吾尔语沟通，褚玥还想尽办法让汉族和维吾尔族的同学交流沟通。书法是褚玥的业余爱好，她会定期去少年宫跟着专业老师学写书法。有一次，正在写书法的褚玥，看到了桌旁放着的维吾尔语的书，灵机一动：有不少汉族小伙伴和维族小伙伴喜欢写书法，要不就举办一场书法大比拼吧！让大家一起参加吧！她于是在学校里发起号召，结果有不少汉族和维族的学生积极响应参加，就在教室里，大家纷纷挥毫泼墨，创作出一幅幅精美的书法作品。褚玥更是写下了"民族团结"四个字，在场的小伙伴们纷纷鼓掌。之后，小女孩还积极组织了手抄报比赛、志愿者服务等活动，看着小伙伴们在活动中开心地交谈欢笑，褚玥别提有多高兴了。

或许是受到了这些经历的影响，褚玥的心里已经有了一个小小的理想——长大以后要当一名光荣的小学老师，不仅要教会学生养成良好的学习和生活习惯，更要让汉族和维吾尔族的孩子懂得相亲相爱，懂得他们都是中国大家庭中的兄弟姐妹。

"我们都有一个家，名字叫中国，兄弟姐妹都很多，景色也不

错……"每当学维吾尔语学到有些累的时候，褚玥都会放下课本，哼起这首她最喜欢的歌曲。一曲哼完，小女孩轻舒一口气，重新翻开课本……

互动留言板

流利的维吾尔语让她成为了汉族和维吾尔族小伙伴的"语言小使者"，我要向她学习，掌握更多的语言，能和更多民族的小朋友做朋友。

陶芳菲（14岁）

我的梦想感言
请把你的感想写在这里

插画/ 虹口区青少年活动中心　施皓敏　（16岁）　黄茜楠　（16岁）
　　　　　　　　　　　　　　温迦纯　（15岁）
　　　　艺想天开少儿美术教育　胡新成　（12岁）

扎根北沙窝的小白杨

第十师一八六团中学 付冰玉

CHENG ZHANG DE BANG YANG

她跟随父亲来到条件艰苦的边境哨所，把学习当作自己的天职，把助人当作自己的习惯。她深知民族团结的重要性，与少数民族的小朋友结成了"手拉手小伙伴"，她就像一棵小白杨，挺立在边境线上。

　　北沙窝位于新疆阿勒泰地区，紧邻中国与哈萨克斯坦的边境线，这里最出名的就是广阔的沙漠和陡峭的戈壁。在漫长的冬季，大雪封路，气温最低时能达到零下四十摄氏度；而到了夏季，风沙多、蚊虫多，当地人戏语"大风三六九，小风天天有"。

　　而就在这样一个生活条件艰苦的地方，矗立着新疆建设兵团第十师一八六团所属的北沙窝哨所。付冰玉就和父亲付永强、母亲刘桂芝一起住在哨所里。或许是因为经常受到风沙的洗礼，付冰玉的小脸粗糙黝黑，但小女孩并没有把这当回事，她决心要做父母的小贴心、做扎根北沙窝的小白杨。

　　2012 年，付冰玉的父亲接任北沙窝哨所所长。于是，付冰玉举家迁到了这个陌生的地方。为什么不留在一八六团，非要去哨所吃苦呢？付冰玉起先有些小别扭。父亲就告诉她："这个哨所的前任所长叫付华。他在这里驻守了三十多年，从不叫苦，从不埋怨，坚守岗位，尽职尽责，直到退休！

他就像一棵傲然挺立的白杨树，在祖国的边境上生根、发芽，用自己的信念铸成了有生命的界碑！我们兵团人就应该像白杨树一样，哪里需要它，它就在哪里很快地生根发芽。不管遇到风沙雨雪，还是干旱洪水，它总是那么坚强、不软弱，也不动摇。"听到这里，付冰玉小小的心灵受到了极大的震撼。"爸爸妈妈要守卫祖国的边疆，责任很大，我不能给他们添麻烦。"付冰玉开始暗暗给自己鼓劲。

刚到哨所时，里面的设施由于长年缺少人手清理，显得杂乱无章，这让吃惯了苦的母亲都皱起了眉头。正当三人准备整理哨所时，付永强接到上级通知，要整理羊圈。看着爸

爸为难的样子，付冰玉开了口："爸爸，没事，有我和妈妈呢！你就安心去工作吧！"吃了女儿的定心丸，付永强离开了家门。等他回来时，哨所内的一切已经整理得干干净净，付冰玉则坐在板凳上，用双手支着下巴睡着了。

驻守哨所不仅生活条件艰苦，就连付冰玉的学习也受到了影响。由于哨所远离学校，于是付冰玉选择在学校寄宿。每周，母亲刘桂芝都要开车接送女儿。一个冬天的下午，付冰玉与往常一样乘坐母亲开的车回学校。天空下起了鹅毛大雪，寒风凛冽，刮到脸上像刀割一样。就在母女俩担心道路难行时，通往学校的道路真的被大雪给封住了。看着眼前厚厚的积雪，付冰玉只好下车和母亲一起挖雪开路，没过一会儿，她的双手就已经被冻得通红，身子在寒风中瑟瑟发抖。心疼的母亲直叫女儿到一旁休息，可付冰玉不肯："早点把路挖通，我就能早点回到学校，可不能把学习给落下了。"闻讯而来的父亲叫来了铲车，疏通了被封住的道路。虽然付冰玉没能准时回到学校，但她的故事却在学校里传开了，同学们都竖起了大拇指，夸她真棒！

　　条件越是艰苦，越是激发了付冰玉爱学习的动力。从小学一年级至今，付冰玉就一直担任班上的学习委员。在学习中，她对自己严格要求，把学习当作自己的天职，课前认真预习，课上认真听讲、仔细做笔记、积极开动脑筋回答问题，课后认真书写每一门功课的作业。她的求知欲很强，对所学的知识一定要弄清搞懂。她还进行大量的课外阅读，以此来开阔自己的视野，增长知识。碰到难题就向老师请教，或查阅资料，直到找到答案为止。在小学阶段，她连年被评为校"优秀学生"。

　　不仅如此，付冰玉还成为了民族团结的小使者。学校与只有一路之隔的吉木乃镇萨吾楞民族小学成为了"手拉手、结对子"学校。付冰玉深知民族团结的重要性，她身体力行，与该小学六年级的吾木提古丽结成了"手拉手小伙伴"。付冰玉借学校开展《弟子规》诵读活动的契机，与吾木提古丽取得书信联系，并和她一同诵读《弟子规》；国庆节来临之际，付冰玉和吾木提古丽在同心卡上一同写下了对祖国的祝福：祝愿祖国更加繁荣富强！

兵团处处可见的就是白杨树，只要有团场的地方，就有白杨树。白杨树抗风斗沙的精神已经深入到一代代军垦人的血液中。瞧！边境线上，又一棵小白杨正迎着风沙，茁壮成长！

互动留言板

读了她的故事，我仿佛看到了一棵小白杨，正在祖国的边境线上挺立着。尽管条件艰苦，但她却和她的爸爸妈妈以及兵团所有的叔叔阿姨一起，为建设祖国的边疆而默默无闻地奉献出自己的青春和热血。

施皓敏（16岁）

我的梦想感言
请把你的感想写在这里

插画／虹口区青少年活动中心　施皓敏　（16岁）

后记

　　本书从第 11 届宋庆龄奖学金的千余名获奖者中遴选了事迹特别突出、特别感人、特别容易引起青少年读者共鸣的 32 位学生，由周雪鸥、方园、朱慧、顾力丹、何洁玮、陆欢、陈瑶、徐泽春、韦敏丽等采写事迹，配以获奖者及其作品、演出和成果的照片。

　　同时，我们还策划了"学榜样、说榜样、画榜样"的活动。联系了上海部分中小学校和校外教育机构，在组织学生学习先进事迹的基础上，用画笔描绘他们心中的榜样形象，并和榜样进行互动留言。其中的优秀画作和精彩留言已呈现在书中。应该说，孩子们的画作尚显稚嫩，画面中的很多细节也都是出自他们的想象，和现实并不一致，但是，通过这样有意义的活动，已经让获奖者的故事深深地印刻在了他们的脑海里，对他们的学习、生活，或多或少会产生积极的影响，我们希望这样的影响能散播到更多的学生中去，而这正是我们组织编写、出版这本书的初衷。这是一本集结了 32 个获奖学生和几十位插画小画家的梦想的书，编者也希望，小读者能在读后写下自己感想，成为第 33 个勇于追梦的时代少年。

　　由于时间仓促，水平有限，对书中可能存在的疏漏，编者恳请读者不吝指正。

编者

2014.7

附录　　　　　　第11届宋庆龄奖学金获奖名单

北 京

付羽迪	北京景山学校	赵佳媛	北京市顺义区仁和中学
夏赫瑾楠	北京市汇文第一小学	石云洋	北京市顺义区第十一中学
翟雨晗	北京市东城区景泰小学	张雨骁	北京市大兴区第三小学
张青然	北京师范大学附属中学	王腾洋	北京市大兴区第九小学
唐湘玥	北京市第四十一中学	徐智星	北京市大兴区第五小学
陈文翘楚	北京市西城外国语学校	孙 杰	密云县古北口中学
常 远	北京市朝阳区安慧里中心小学	李 琛	密云县河南寨中学
谷林晓	北京市朝阳区呼家楼中心小学	魏心怡	北京市怀柔区实验小学
王嘉仪	北京市朝阳区白家庄小学	张仕贤	北京市怀柔区长哨营满族乡中心小学
沈重姗	北京农业大学附属中学	范羽昕	北京师范大学附属平谷中学
王 铁	北京航空航天大学附属中学	张凯鑫	北京市平谷区张各庄中学
张世新	北京市第十九中学	李嘉琪	北京市昌平区城北中心六街小学
李需雯	首都师范大学附属中学第一分校	武芳宇	北京市昌平实验小学
张博齐	北京市丰台区师范学校附属小学	闻 泽	延庆县第二中学
姜 妍	北京市丰台区长辛店中心小学	吕 烨	延庆县第四中学
洪梓涵	北京市第九中学分校	张一漪	北京市房山区良乡第三小学
王 颜	北京市京源学校	裴彦琦	北京市房山区城关小学
王嘉伟	北京教育科学研究院通州区第一实验小学	李 彧	北京市燕山星城中学
孙天宇	北京市通州区中山街小学	郝景天	北京市门头沟区新桥路中学
赵 姗	北京市通州区司空分署街小学	段欣未	北京市大峪中学分校

天 津

高心怡	天津市汇文中学	伊雲垚	天津市东丽区实验小学
闫宝娅妮	天津市和平区新星小学	韩梓萌	天津市东丽区津门小学
张译壬	天津市梅江中学	杜春锐	天津市西青区杨柳青镇第一小学
李外桥	天津市河西区平山道小学	徐 妍	天津市西青区当城中学
谢兴放	天津市河东区六纬路小学	倪 蕾	天津市津南区八里台第二小学
戴 旭	天津市河东区田庄中学	吴嘉正	天津市咸水沽第三中学
刘雪婷	天津市第十四中学	王俊婷	天津市北辰区华辰学校
刘鑫禹	天津市河北区扶轮小学	刘 宇	天津市北辰区青光中学
王彦之	天津市第五十七中学	陈亚杰	天津市武清区河西务镇大沙河初级中学
王枫宇	天津市南开区华宁道小学	袁 鸣	天津市武清区杨村第七小学
辛书岳	天津市第二十五中学	姜 楠	天津市宝坻区第八中学
滕 帅	天津市红桥区西站小学	赵紫逸	天津市宝坻区黄庄镇黄庄小学
景丹丹	天津市西青道中学	李佳泓	天津市静海县实验小学
潘婧铭	天津市滨海新区大港实验小学	宋睿喆	天津市静海县模范学校
薛雯轩	天津市滨海新区塘沽第一中学	朱久萍	天津市宁河县俵口乡中学
王嘉瑄	天津市滨海新区塘沽实验学校	肖 琼	天津市宁河县芦台镇第五小学
马嘉懿	天津市滨海新区汉沽第二中学	岳志航	天津市宁河县芦台第五中学
孟依铭	天津市滨海新区汉沽中心小学	高秋宇	天津市蓟县尤古庄镇大龙卧中心小学
付晓航	天津市滨海新区大港第七中学	张 焱	天津市蓟县第四中学
孙 晴	天津市钢管公司中学	辛 帅	天津天铁集团第一小学

河 北

奚瑞鸿	唐山市古冶区林西第四小学
王佳慧	唐山外国语学校
王巧至	唐山市路北区龙华小学
陈家苇	唐山市丰润区丰润镇中学
张义晗	石家庄市高新区第一小学
常智斌	藁城市实验学校
远晓松	石家庄新世纪外国语学校
安玳瑶	石家庄市第二十三中学
刘一诺	正定县子龙小学
商嘉恒	保定市高新区小学
吕思盈	安国市向阳中心小学
张伯千	保定市河北小学
刘绍原	保定市第十七中学
雷昊天	清苑县第二中学
乔聆溦	内丘县平安小学
李墨然	邢台经济开发区留村小学
宋世杰	邢台市第七中学
胡 瑾	邢台市第十二中学
刘惠阳	张家口市桥西区下东营小学
邢方译	张家口市桥西区下东营小学
杨天华	张家口市桥东区宝善街小学
李懿坤	邯郸市实验小学
李欣彤	邯郸市邯山区渚河路小学
张心悦	邯郸市第二十五中学
邱远祎	邯郸市第二十三中学
李 傲	武邑县武邑镇中学
崔皓然	衡水市人民路小学
解子晗	冀州市第二实验小学
姜莹莹	廊坊市安次区调河头乡调河头小学
赵宗鹏	廊坊市第五中学
米春琳	廊坊市广阳区北旺乡初级中学
奚 琪	秦皇岛市海港区交建里小学
崔议元	秦皇岛市海港区青云里小学
于 贺	秦皇岛市经济技术开发区第一中学
苏梓萌	辛集市实验学校
杜小瑜	定州市叮咛店镇初级职业中学
牛梓萱	定州市明月店第一初级中学
张益维	沧州渤海新区中捷产业园区第一中学
张家硕	沧州市渤海新区中学
曹昊然	沧州市迎宾路小学
陈文萱	河间市第一实验小学
郭 昊	承德县第二中学
李子木	承德县第四中学
彭 勃	承德县安匠初级中学

山 西

落泓明	朔州市第四中学校
周子康	朔州市朔城区第二中学
尚 正	朔州市实验小学
李秋慧	朔州市应县第二小学校
辛 茹	吕梁市离石区吕梁学院附属英杰中学
贾 雯	吕梁市石楼县南城初级中学
李佳宁	吕梁市兴县东关中学
寇 竞	吕梁市交城县新建小学校
王子健	晋城市城区凤鸣中学
牛艺帆	晋城市泽州县南村镇初级中学校
张佳宁	晋城市城区凤鸣小学校
郭钰洁	晋城市中原街小学
卢浩冉	临汾第一中学校
牛晓娆	尧都区金殿镇第三初级中学校
晋豪泽	临汾市实验小学
冯莉清	临汾市隰县第一小学
胡雅婷	阳泉市第十一中学校
韩文杰	阳泉市盂县梁家寨乡中学校
刘 可	阳泉市郊区实验小学
王郁洁	阳泉市平定县岔口联校黄统岭小学校
王毓萱	大同市第一中学校
汪志儒	大同市灵丘县第二中学校
刘莉雯	大同市广灵县加斗学区西石门中心学校
孙子栋	大同市实验小学
党陆甜	介休市连福镇樊王中心小学校
魏嘉璐	晋中市太谷县明星小学
裴宏琳	晋中市盲聋人学校
任可敬	晋中师范高等专科学校附属学校
崔子涵	长治市武乡县第四中学
范文强	长治市黎城县第一中学校
魏志涛	长治市平顺县阳光小学校
李佳雪	长治市黎城县城关小学校
杨太芳	太原市第五十三中学校
张建忠	古交市第四中学校
宇仕钰	太原市迎泽区贵都小学校
张琪那	太原市晋源区晋祠镇花塔中心小学校
周益璋	忻州市河曲县红星初级中学
黄泽华	忻州市忻府区董村初级中学校
卫姝冰	忻州市神池县东关小学校
王婧怡	忻州市第二实验小学
崔瞳瞳	运城市临猗县临晋镇西关初级中学校
杨孟欣	运城市运城铁路中学

常晓波	运城市芮城县风陵渡联校田上小学	曹晶洁	运城市平陆县圣人涧镇南村九年制学校

内蒙古

张佳运	呼和浩特市第二中学	万志全	通辽市科尔沁区科尔沁小学
李熙瑶	呼和浩特市第十八中学	李佳怡	通辽市经济技术开发区辽河镇第二中心小学
刘苡琦	呼和浩特市第二十六中学	张家维	通辽市科左中旗实验小学
石晓杰	呼和浩特市玉泉区民族实验小学	刘畅	通辽市实验小学
张戈垚	呼和浩特市赛罕区南门外小学	呼尔沁	鄂尔多斯市蒙古族中学
包日朝鲁	呼和浩特市回民区贝尔路小学	吴馨予	鄂尔多斯市伊金霍洛旗第一中学
柴佳	包头市固阳县蒙古族学校	张浩研	鄂尔多斯市康巴什新区第一中学
刘柯含	包头市包钢实验一小	邹青芸	扎兰屯市实验小学
石佳红	包头市稀土高新技术产业开发区富林路小学	王靖淇	呼伦贝尔市阿荣旗明德小学
苏祺伦	包头市第三十五中学	爱丽雅	鄂温克族自治旗鄂温克中学
杨昕悦	包头市第八中学	兰诗瑶	牙克石市第七中学
塔娜	包头市第五中学	杨贝贝	巴彦淖尔市杭锦后旗陕坝中学
李梦圆	乌海市海南区拉僧庙小学	赵家蕤	巴彦淖尔市临河区第四小学
姜宇轩	赤峰市喀喇沁旗乃林镇中心学校	申奕	巴彦淖尔市第二实验小学
周志鹏	赤峰市敖汉旗高家窝铺学校	张瑞红	乌兰察布市集宁区第二中学
焦学力	赤峰市翁牛特旗乌丹第四中学	邓富文	乌兰察布市集宁区第五中学
孙浩	赤峰市松山区第四中学	杨旭	乌兰察布市丰镇市丰华中学
张薇爽	赤峰市宁城县天义第三实验小学	董鑫	乌兰察布市卓资县二中
刘春伶	赤峰第七中学	白利华	兴安盟突泉县六户中心小学
赵凯悦	赤峰市元宝山区风水沟镇中心校	肖盈	兴安盟阿尔山市第三小学
刘凌旭	赤峰市元宝山区美丽河镇中心校	李锦涵	兴安盟扎赉特旗音德尔镇第三中学
杨达超	赤峰市巴林左旗林东第七中学	郭毓君	锡林浩特市第一中学
王暖阳	通辽市通辽实验中学	叶英楠	锡林郭勒盟第二中学
侯炳轩	通辽市开鲁县小街基镇中学	刘小燕	阿拉善盟阿左旗第五小学

辽宁

刘禹彤	沈阳市皇姑区珠江街第五小学	吴宇涵	抚顺市抚顺县石文镇九年一贯制学校
金大来	沈阳市于洪区朝鲜族吴家荒小学	刘子昂	本溪市第二十六中学
曲则全	沈阳市第一二七中学	刘倍贝	本溪市第二十七中学
李骋	沈阳市康平县第二中学	闫琪	本溪市平山区桥头镇中心校
丛剑桥	普兰店市第三十七中学	奚胜	本溪市明山区高台子学校
李佳曦	大连市一二一中学	宋佳彦	丹东市振兴区接梨树小学
姜佳宜	大连市瓦房店市新华小学	苏麒	丹东市宽甸县第二实验学校
曹嘉文	庄河市实验小学	任君洁	丹东东港市第六中学
张益彬	鞍山市六十八中学	李佳怡	丹东凤城市第六中学
王诗茗然	鞍山市海城市东方红小学	刘艾	锦州市第十九中学
崔丹阳	鞍山市台安县实验小学	高海晋	锦州市解放小学
何金鹏	鞍山市岫岩县红旗中学	徐宝宁	锦州市第八中学
于金阳	抚顺市新宾满族自治县实验小学	孟佳宁	锦州市古塔区站四小学
王天翼	抚顺市第五十中学	张紫怡	营口市鲅鱼圈区芦屯镇初级中学
李博琳	抚顺市第十五中学	李怡萱	营口市西市区启文小学

梁 岩	营口大石桥周家中学	万 娜	铁岭市铁岭县白旗寨九年一贯制学校
张馨匀	营口市站前区青年小学	刘禹淇	朝阳市第五初级中学
李恬恬	阜新市第十一中学	刁奕萌	朝阳市第三中学
孙佳宇	阜新市阜新蒙古族自治县第一中学	邢为为	朝阳市双塔区桃花吐镇中心小学
张雅宁	阜新市阜新蒙古族自治县第一小学	林建宇	朝阳市北票市花园小学
丁 毅	阜新市实验小学	田海月	盘锦市盘山县太平学校小学部
刘学锦	辽阳市白塔区东文化小学	邓雨萌	盘锦市第一完全中学
段雨岑	辽阳市文圣区小屯镇中心小学	姜 山	盘锦市辽化小学
缪沛含	辽阳市第九中学	籍思源	盘锦市辽河油田欢喜岭第二初级中学
徐佳慧	辽阳市灯塔市万宝桥街道九年一贯制学校	杨庚西	葫芦岛市第六初级中学
曾明慧	铁岭市开原市上肥镇学校	石含玉	葫芦岛市建昌县第一初级中学
林子森	铁岭市西丰县东方红小学	苏金香	葫芦岛市南票区兴达九年一贯制学校
马骁旭	铁岭市西丰县郜家店镇中学	王小祎	葫芦岛市师范学校附属小学

吉 林

侯天宇	白城市第三中学	高赫一	四平市辽河农垦管理局第二中学
卢 洋	扶余市第四中学	杨文钰	四平市第十七中学校
郑 好	长春市东北师范大学附属小学	郑雅瑛	延吉市中央小学校
彭德扬	长春市第一实验小学	李宗袁	图们市第三初级中学
庞宇廷	长春市第二实验小学	张云骐	汪清县第一实验小学
王 硕	长春市朝阳区乐山镇中心小学校	孙梦琦	通化市二道江区鸭园镇向阳学校
于家傲	长春市一〇三中学校	张 羽	通化钢铁股份有限公司第三中学
尹会淇	长春市第五十三中学	王玉莹	通化市集安市大路学校
王瑞萍	长春市第四十八中学	王一淇	通化市实验中学
耿浩睿	长春市第八十七中学	张林海	白山市第十二中学
张铭萱	蛟河市第十中学校	宁 冉	白山市浑江区三道沟镇明德学校
靳治佳	桦甸市第五中学	刘佳赫	松原市逸夫小学
曾翔月	舒兰市实验小学校	王佳怡	松原市吉林油田实验中学
杜育聪	吉林市六十一中学	何宇晗	松原市宁江区实验小学
周美彤	吉林市丰满区江南中心小学校	张 垚	白城市通榆县明德小学校
宋梦皓	吉林市特殊教育实验学校	费佳文	洮南市安定镇兴旺村安定镇中学
康缤切	四平市六马路小学校	刘怡凝	辽源市东辽县实验小学
宁冬梅	四平市聋哑学校	何宏峰	辽源市东丰县实验中学

黑龙江

任思屹	哈尔滨市兆麟小学校	王泽宇	哈尔滨市第三十五中学
郭禹辰	哈尔滨市新阳路小学校	张 萌	哈尔滨市第二十七中学校
徐沛琛	哈尔滨市师范附属小学校	王天资	五常市第一中学校
李秉燃	哈尔滨市友协第二小学校	杜镇含	齐齐哈尔市拜泉县星耀小学
胡雨箫	哈尔滨市公园小学校	姜广锋	齐齐哈尔市泰来县泰来镇中心校
李 洁	哈尔滨市虹桥第一小学校	李嘉月	齐齐哈尔市铁锋区天齐小学校
张艺馨	哈尔滨市第十七中学	刘 蕾	齐齐哈尔市依安县第三小学
闫子博	哈尔滨市风华中学	李雨昕	齐齐哈尔市克东县实验小学
张祖荣	哈尔滨市萧红中学	李智慧	齐齐哈尔市龙江县志刚小学校

赵育萱	齐齐哈尔市第三中学校	姜 添	伊春铁力市第五中学校
于 航	齐齐哈尔市讷河市第三中学	周祉彤	七台河市第九小学
张佳钰	齐齐哈尔市富裕县逸夫学校	谢雨竹	七台河市逸夫中学
徐婧瑶	齐齐哈尔市第三十四中学校	朱珊玉	鹤岗市蔬园乡中心小学
顾 臣	齐齐哈尔市富拉尔基区长青乡第一中学校	原奎娜	鹤岗市第五中学
邢相涵	穆棱市实验小学	宋佳凝	绥化市庆安县第三小学
陈俊然	海林市第一小学	李 响	绥化安达市和平小学
潘 喆	牡丹江市第十六中学	张文馨	绥化市青冈县青冈镇中学校
刘千宁	牡丹江市第四中学	徐一樊	绥化海伦市第三中学
高 寒	佳木斯市桦南县第七小学	丁天盈	黑河市第六小学
刘雅格	佳木斯市第九小学校	马敏昂	黑河市第四中学
王宇昕	佳木斯市第二十中学	蒋 锐	大兴安岭地区韩家园林业局励志学校
常宝玉	佳木斯市第六中学	暴宇航	大兴安岭地区育才中学
王为群	大庆市杜尔伯特蒙古族实验小学	张婉楹	桦南林业局东风小学
林栋桁	大庆市澳龙学校	张 博	东京城林业局第一中学
聂一凡	鸡西市师范附属小学校	张龄月	农垦牡丹江管理局机关子弟学校
李普初	鸡西市第九中学校	吴金梓	农垦总局红兴隆管理局局直中学
李勃辉	双鸭山市七星镇学校	黄 灿	绥芬河市阜宁小学
刘柏慧	双鸭山市第三十二中学	赵美红	抚远县浓桥镇中学
张倍宁	伊春市实验小学		

上 海

闵逸伦	上海市向明初级中学	蔡越洋	浦东新区张江高科实验小学
黄雨辰	上海市大同初级中学	陈逸川	华东师范大学第四附属中学
乌佳仁	黄浦区第一中心小学	金 彩	普陀区金洲小学
陈 月	上海师范大学附属卢湾实验小学	倪天豪	上海市文来中学
万时春	上海市园南中学	吴昱旻	闵行区七宝镇明强小学
胡翔锦	徐汇区高安路第一小学	吕婧怡	上海市嘉定迎园中学
钦 佩	同济大学附属七一中学	唐语璐	嘉定区普通小学
浦书隽	静安区万航渡路小学	徐 薇	宝山区实验学校
卫宇晴	上海市延安初级中学	陈雨荃	宝山区实验小学
陈 石	上海市建青实验学校	彭 雨	金山区西林中学
陈彦颖	上海市青云中学	盛 婕	金山区第二实验小学
丁滢婷	闸北区第一中心小学	徐毅萌	奉贤区实验中学
张庆悦	上海市思源中学	郁鸽源	奉贤区教师进修学院附属小学
薛琮霖	上海市杨浦小学分校	葛文浩	松江区第四中学
杨锴璇	上海市长青学校	彭 然	松江区第二实验小学
顾天昀	虹口区曲阳第四小学	张圣安	青浦区第一中学
王逸之	上海市建平中学西校	高陆婧	青浦区东门小学
顾晓晴	浦东新区特殊教育学校	李佳恒	上海市崇明县实验中学
陈骏瑶	浦东新区世博家园实验小学	徐圣佳	上海市崇明县西门小学

江 苏

姜志恒	南京市夫子庙小学	宋　昱	连云港市灌云县实验中学
高雨辰	南京信息工程大学附属实验小学	张云天	连云港市海州实验中学
骆远图	南京市六合区励志学校	赵一凡	淮安市袁集乡初级中学
汤文菡	南京市梅山第一中学	曾　田	淮安市实验小学
张妤铉	无锡市东北塘实验小学	夏　妍	淮安市韩桥乡中心小学
强易琛	无锡市东林中学	赵馨蔓	清江中学
李听海	无锡市连元街小学	邵俊晔	盐城市阜宁县实验小学府前街校区
罗文龙	无锡市天一实验学校	张晓力	盐城市射阳县实验小学
胡长馨	徐州市大屯矿区第二中学	夏晶晶	盐城市建湖县冈东初级中学
郑昊冉	徐州市黄山外国语学校	顾龙雨	盐城市响水县六套中学
樊思秒	徐州市鼓楼生态园小学	鲁　简	扬州市梅岭中学
郭峻奇	徐州市星光小学	刘天悦	扬州市仪征市实验中学
王　珂	常州市金坛市华城实验小学	周家齐	扬州市宝应县实验小学
吴子竞	常州市金坛市华罗庚实验学校	林杵臼	扬州市沙口小学
王樱蓉	常州市溧阳市光华初级中学	朱赵涵	镇江市句容市崇明小学
芮　朋	常州市溧阳市上沛中学	朱文卓	镇江市第六中学
王袁菊	苏州市第十二中学校校	朱凯昕	镇江市丹徒区黄墟中心小学
唐予俊	苏州市张家港市第一中学	王文婷	镇江市索普初级中学
顾子然	苏州市沧浪实验小学	沙陈静	泰州市姜堰区实验小学
倪佳仪	苏州市太仓市实验小学	蔡书璇	泰州市刁铺中心小学
任李理	南通市第三中学	蒋　浩	泰州市康和实验中学
王一纯	南通市如皋初级中学	陈　开	泰兴市实验初级中学
许唯康	南通市如东县实验小学	刘臻贤	宿迁市泗阳双语实验学校
杨凯迪	南通市海安县明道小学	王　腾	宿迁市泗洪县第一实验学校
纪芊羽	连云港市新海小学	闵湘婷	宿迁市宿城区实验小学
范译匀	连云港市师专二附小	蔡梓昕	宿迁市钟吾国际学校

浙 江

杜锴瑞	杭州市文海实验学校	黄　媛	苍南县灵溪镇第一中学
黄双音	杭州市建德市大洋中心小学	林心怡	平阳县鳌江镇第三中学
胡敬寒	淳安县实验小学	张梦炜	洞头县实验中学
叶　孜	杭州启正中学	赵舒扬	湖州市德清县实验学校
潘　晟	杭州市翠苑中学	陈　昕	湖州市南浔区菱湖镇第一中学
周子建	临安市锦城第四初级中学	俞李芃	嘉兴市秀洲实验小学
史致远	象山县实验小学	田　甜	嘉兴市嘉善县实验小学
范子琰	奉化市居敬小学	陈泽仁	嘉兴市秀洲现代实验学校
胡鑫鹏	宁海县桥头胡中心小学	王诗莉	绍兴市绍兴县华舍小学
顾陆楠	宁波市江北实验中学	徐越墀	诸暨市实验小学教育集团城东小学
颜笑颖	宁波市镇海区仁爱中学	石鸿莹	绍兴市上虞区驿亭镇中学
姚　攒	慈溪市上林初级中学教育集团	沈定宇	绍兴市第一初级中学教育集团
苏　画	平阳县昆阳镇第一小学	陈轲昭	金华市磐安县实验小学
林乐暄	苍南县龙港镇第一小学	毛一帆	兰溪市聚仁学校
项怡昊	瑞安市第二实验小学	周兴宇	金华市第四中学
黄龄而	乐清市实验小学	胡海林	金华市外国语学校
潘炯亮	温州市第三中学	徐天怡	开化县实验小学

闵星旖	衢州华茂外国语学校
顾浩南	舟山南海实验初中
潘镜羽	台州市椒江区人民小学
郑乔元	台州市路桥小学
陈天然	温岭市三星小学

张可也	台州学院附属中学
孙　潇	台州市黄岩实验中学
何羽彤	丽水市实验学校
兰玲燕	丽水市莲都区处州中学
何禹泽	义乌市稠城第一小学

安　徽

胡文娟	合肥市六安路小学
徐朗琨	合肥市庐江县城关小学
单增多吉	合肥市第三十五中学
刘成龙	合肥市肥东县第四中学
王　睿	合肥特殊教育中心
高　原	合肥市马岗实验小学
甄文玥	合肥市长丰县实验小学
张孜豪	淮北市第三实验小学
王燕辉	淮北市濉溪县城关中心学校
陈　彤	淮北市双龙实验小学
张奇龙	亳州市涡阳县闸北学区中心学校
高俊杰	亳州市特殊教育学校
吴　霜	亳州市夏侯小学
杨　过	亳州市涡阳县西阳学区中心学校
罗永康	亳州市谯城区张店中心中学
季晓楠	亳州市利辛中学
张露文	亳州市蒙城县庄子小学
张　琦	宿州市宿城第一初级中学
祝子炎	宿州市埇桥区苗安乡中心学校
张　院	宿州市灵璧县虞姬中心小学
李诚玉	宿州市泗县墩集镇中心学校
靳千禧	宿州市萧县白土初级中学孤山教学点
仝佳玉	宿州市砀山县第五中学
房泽宇	蚌埠市蚌埠第一实验小学
蒋　彤	蚌埠市前进路第二小学
陈耀龙	蚌埠市固镇县实验中学
胡天阳雪	蚌埠市怀远县荆涂学校
王欣洁	阜阳市临泉县第四中学
徐瑞泽	阜阳市清河路第一小学
范冰清	阜阳市太和县城关第四小学
王晓雪	阜阳市颍泉区宁老庄镇中心小学
杜雅雯	阜阳经济技术开发区颍南中学
吕晓岚	阜阳市铁二处学校
刘婉滢	界首市第四中学

谢梓濛	界首市光武中心学校
吴静茹	阜阳市颍上县慎城镇第二小学
郭梓萌	阜阳市阜南县第七小学
李晓乐	阜阳实验中学
刘明珠	淮南市洞山中学
钱鼎傲	淮南市谢家集区第二中学
李恩慧	滁州市凤阳县官塘镇中心小学
李加佳	滁州市凤阳县刘府中学
武　丽	滁州市明光市苏巷中学
阚　同	滁州市明光市潘村中心小学
乐文平	六安市三十铺中学
刘文博	六安市城北小学
赵　琰	六安市皖西中学
胡维民	六安市金寨县金江实验学校
肖燕航	六安市霍山县衡山镇中心学校
金　灿	六安市叶集改革发展试验区第二小学
姚诗阳	六安市寿县实验小学
李　杨	马鞍山市含山县第一中学
黎卓然	马鞍山市育才小学
黄燕萍	芜湖市善瑞中学
李志豪	芜湖市三汊河初级中学
周泽平	芜湖市第十九中学
喻　琦	宣城市泾县城关第二小学
吴文倩	宣城市绩溪县东山中学
周雨诺	铜陵市第十中学
李书倩	池州市九华山中心学校
许克奇	池州市石台中学
陈　坤	安庆市绿地实验学校
张心仪	安庆市石化第一中学
朱颜珝	安庆市怀宁县独秀初级中学
王　泺	安庆市潜山县彰法山小学
杨智君	安庆市岳西县姚河中心学校
徐琬婷	安庆市第四中学
赵　萌	黄山市黄山区甘棠小学

江 西

孙博凡	南昌市第二十八中学
刘伊婕	南昌市安义县逸夫小学
李祉奕	南昌市南昌县莲塘第五中学
罗雨琪	南昌市进贤县云桥中学
邓江铭	南昌市南钢学校
李 健	九江市都昌县天宇小学
周灵蕊	九江市瑞昌市赛湖学校
王 未	九江市湖滨小学
郑 琪	九江市彭泽县浩山中心完小
李希贤	上饶市德兴市银城第一小学
吴晨希	上饶市婺源县紫阳第一小学
方咏霓	上饶市鄱阳县第二中学
郑皓天	上饶市上饶县第七中学
付佳琦	上饶市横峰县第二中学
钟徐哲文	上饶市第一小学
吴 婧	抚州市南城县第一小学
祝天成	抚州市崇仁县第二中学
刘逸琳	抚州市实验学校
陈剑桥	抚州市临川第一中学
蓝 懿	宜春市奉新县甘坊学校
鲁冰艳	宜春市铜鼓县温泉实验小学
涂慧琳	宜春市靖安县仁首镇中心小学
胡熙琪	宜春市宜丰县第三中学
朱绍文	宜春市丰城市蕉坑初级中学
何雅莉	江西省宜春市实验中学
吴健豪	吉安市永新县坳南学校
尹皓天	吉安市安福县城关中学
朱子恩	吉安市吉水县第二中学
刘睿洁	吉安师范附属小学
严友希	赣州市赣州中学
娄曦文	赣州市兴国县实验小学
李悦昀	赣州市定南县第三中学
朱 晓	赣州市会昌县筠门岭中心小学
李佳煜	赣州市第三中学
张瑾扬	赣州市赣县城关第三小学
曾慧红	赣州市安远县濂江中学
王南烨	景德镇市第一小学
胡玉芳	景德镇市浮梁县新平中学
罗 凯	萍乡市莲花县城厢中学
陈 肯	萍乡市上栗县栗江小学
肖鸿禹	新余市第四中学
刘思贤	新余市逸夫小学
张 安	鹰潭市贵溪市第三小学
黄可欣	鹰潭市余江县实验初中

福 建

林奕先	福州教育学院附属中学
陈肖臻	福州市闽侯县实验小学
陈颖心	福州外国语学校
郑子伊	福州市连江县启明中学
齐治平	厦门市华昌小学
郑泓钰	厦门第一中学
聂简凡	厦门市第十一中学
吴毅彬	漳州市漳浦县石榴中心学校
林轶凡	漳州市实验小学
罗玉娥	漳州市云霄云陵工业开发区第一学校
陈艺欣	漳州市东山县樟塘初级中学
朱乐扬	泉州第五中学
胡夏新	泉州市安溪县凤城中学
黄芷昕	泉州市第二实验小学
庄圣航	泉州市石狮市第三实验小学
杨远彤	泉州市丰泽区实验小学
王翔宇	泉州市第十一中学
陈如薇	南平市王台中学
庄卓伯鑫	南平市实验小学
李晨曦	武夷山市兴田中心小学
谢林萱	龙岩新罗区莲东小学
肖晓芸	龙岩市长汀县第三中学
张晓华	龙岩市连城县林坊中学
吴清芬	大田县柯坑初级中学
张爱娟	三明市尤溪县八字桥中学
张玉金	三明市沙县高桥初级中学
杨晨露	三明市将乐县第四中学
陈祖挺	莆田市荔城区北高镇埕头初级中学
姚 寙	莆田市涵江区白沙中心小学
尤心竹	莆田市湄洲第二中心小学
林右文	莆田市秀屿区实验中学
胡明珠	宁德市福安市民族中学
张钰婕	宁德市古田第一小学
陆志杰	宁德市屏南县华侨中学
缪飞荣	宁德市寿宁县大同小学
林 捷	平潭实验小学

山 东

高嘉艺	济南市济阳县第二实验小学	韩依琳	泰安市泰山学院附属中学
范华玉	济南市平阴县少岱小学	张佐存	泰安市高新区第一中学
蔡 钰	济南第十五中学	赵 涵	威海市城里中学
高 睿	济南第二十六中学	李秋怡	威海市乳山市畅园学校
汲懋顿	青岛市城阳区实验中学	鞠玖芳	威海市荣成实验小学
钟子昂	青岛市崂山区实验小学	姜泽坤	威海市文登市实验小学
徐玉萱	青岛市黄岛区新世纪小学	路已人	日照市新营中学
兰 鸽	青岛市平度市张戈庄小学	姜亚彤	日照市金海岸小学
扈天翼	淄博市桓台县实验中学	王诗昊	日照市莒县第五实验小学
安霖萱	淄博市周村区凤鸣小学	康诵泉	莱芜市莱城区大王庄镇中心小学
盛誉馨	淄博市张店区南定小学	张玉颜	莱芜市钢城区颜庄中学
朱紫尘	淄博市周村区第二中学	陈馨瑜	莱芜市杨庄镇杨庄中学
冯静雯	枣庄师范学校附属小学	张家维	临沂市郯城县郯城街道中心小学
陈炳树	枣庄市台儿庄区张山子镇中心小学	马卫芳	临沂市李公河小学
邵赛南	枣庄市台儿庄区马兰屯镇第二中学	郑佳宝	临沂第十二中学
孙西茹	枣庄市第二十九中学	魏美华	临沂市莒南县第六中学
孙旭菲	东营市河口区河安小学	郑 瑞	临沂市平邑县平邑街道第二初级中学
孙文昊	东营市胜利第一中学	沙丽昕	德州市第二实验小学
张千辰	东营市利津县第二实验学校	高 清	德州市宁津县第二实验中学
张润仲	东营市垦利县胜坨镇实验小学	高 闻	德州市武城县实验中学
孙荣忆	莱阳市第二实验中学	李 跃	德州市陵县实验小学
田知雨	烟台第二中学	孙庆坤	聊城市文轩中学
李钰洁	蓬莱市第三实验小学	司小萌	聊城市外国语学校
孙绮莲	烟台市招远市丽湖学校	杨光茗栎	聊城市茌平县实验小学
付嘉怡	潍坊市寒亭区外国语小学	刘雨桐	聊城市茌平县实验中学
李瑞敏	高密市恒涛双语实验学校	丁艺茹	滨州市滨城区第三中学
姜智睿	青州市东关回民初级中学	侯晓琦	滨州市滨城区三河湖实验学校
韩 旭	潍坊外国语学校	张益盟	滨州市阳信县信城街道中心小学
刘慕然	济宁学院附属小学	李皎月	滨州市阳信县第一实验学校
高逸飞	济宁市任城区实验小学	杨乃苍	菏泽市牡丹区第八小学
王培源	济宁市市中区唐口中心小学	王于丹	菏泽市曹县邵庄镇中心小学（农村）
董琬琪	济宁学院附属中学	耿 朵	菏泽市曹县魏湾镇中学（农村）
唐 帅	泰安市泰山区邱家店镇第二中学	马 珂	菏泽市牡丹区北城办事处初级中学
徐含章	泰安市宁阳县第一小学	高 远	菏泽市牡丹区第二小学

河 南

李 果	荥阳市第五小学	毕小龙	洛阳市洛龙区第六实验学校
陈鸿燕	新密市曲梁镇五虎庙小学	田易霖	洛阳偃师市市直中学
张新芳	新密市平陌镇初级中学	王璟怡	平顶山市新城区湖光小学
赵俊鹏	荥阳市贾峪镇第一初级中学	冯 源	平顶山市第四十一中学
何 苗	开封高级中学附属小学	杨树峥	安阳市人民大道小学
轩雅妮	开封市柳园口中学	韩敬茹	安阳市内黄县城关镇第一初级中学
吴秋月	开封市金明中学	王子涵	鹤壁市淇滨小学
王雅苇	洛阳市洛龙区第六实验学校	王子颖	鹤壁市山城中学
叶子雨	洛阳偃师市实验小学	李泓燚	新乡市卫滨区新荷小学

张 静	新乡市获嘉县亢村镇第一初级中学	刘 源	信阳市新县第二初级中学
张艳芳	新乡市原阳县第一初级中学	樊家宏	周口市沈丘县槐店镇北关小学
张力文	焦作市道清小学	杨 晨	周口市六一路小学
程真真	焦作市孟州实验初级中学	纪素椿	周口市淮阳县第一中学
王成未	濮阳市第八中学小学部	李同贺	周口市郸城县实验中学
郭子芊	濮阳市第八中学小学部	潘芷若	驻马店市第十一小学
段昕彤	濮阳市第八中学初中部	范思琳	驻马店市汝南县第二小学
刘家贺	许昌市古槐街小学	熊明慧	驻马店市正阳县慎水乡中心学校
张 艾	许昌新区实验学校	杨燕戈	驻马店市西平县专探初级中学
李鹤翔	许昌市第一中学	赵龙翔	济源市轵城镇第二初级中学
章依安	漯河市实验小学	岳玉梅	巩义市鲁庄镇第一初级中学
刘潇阳	漯河市实验中学	杨奕辰	兰考县裕禄小学
薛文博	三门峡市第三实验小学	张晓阳	汝州市夏店乡初级中学
艾一帆	三门峡市渑池县县直中学	韩佳琛	滑县产业集聚区英民中学
王素影	南阳市南召县板山坪镇中心小学	王梦烨	长垣县县直实验小学
王怡心	南阳市淅川县第一小学	王梦斐	邓州市城区第一小学校
王美义	南阳市方城县赵河镇第一初级中学	朱靖宇	永城市第三初级中学
田 梦	南阳市唐河县少拜寺镇第一初级中学	杨 傲	固始县永和实验小学
吴宇辰	商丘市第一实验小学	郭 文	鹿邑县县源办事处西城中学
马一昕	商丘市第一回民小学	李飞跃	新蔡县实验小学
程凯馨	商丘市夏邑县孔祖中学	娄 潇	项城市第一实验小学
许 威	商丘市第一中学	闫彩云	郑州市中牟县官渡镇板桥小学
陈 坤	信阳市新县宏桥小学	王恩泽	实验学校鑫苑外国语小学
王思涵	信阳市平桥区实验小学	王子伯炎	第二实验中学
林 娜	信阳市第五初级中学	吉语菡	实验中学

湖 北

王 拓	鄂州市鄂城区泽林镇泽林初级中学	孙启瑄	江汉油田教育集团广华初级中学
伍京傲	孝感市大悟县吕王镇如青学校	耿一丹	襄阳市枣阳市平林中学
阚明烨	孝感市安陆市洑水镇初级中学	郭红雁	襄阳市襄城区欧庙镇杨威中学
汤 喆	孝感市丰山镇双峰中学	高嘉艺	襄阳市宜城市南街小学
杜卓洋	天门市实验初级中学	张梓晨	襄阳市大庆路小学
郑奥龙	黄石县阳新县龙港镇富水中学	胡天伟	仙桃市第四中学
黄雅萱	黄石市铁山第三小学	赵李荣	恩施市太阳河乡梭布垭希望小学
李 涛	黄石市开发区鹏程中学	胡红菠	恩施州利川市汪营初级中学
江海迪	宜昌市远安县河口乡中小学	田静雯	恩施州咸丰县清坪镇民族初级中学
胡玉玲	宜昌市当阳市半月初级中学	姚钰熙	恩施州来凤县实验小学
邓祥洪	宜昌宜都市王家畈乡毛湖淌初级中学	李丹丹	恩施州建始县特殊教育学校
马 俊	宜昌市枝江市董市镇初级中学	张银峰	潜江市第二实验小学
邹丹丹	神农架林区九湖中心学校	邓 旺	荆州市沙市青莲巷小学
姜尔睿	武汉市新洲区三店街第二初级中学	翁佳雯	荆州市洪湖市滨湖办事处中心学校
张雨萱	武汉市黄陂区长轩岭小学	张博思	荆州市松滋市王家桥初级中学
蔡馨仪	武汉市武昌区杨园学校	徐宇进	荆州市监利县师范附属小学
王廉荀	武汉市常青实验小学	谭伊妍	荆门市钟祥市实验小学
张 影	武汉市第一聋校	刘双骄	荆门市东宝区仙居乡中心小学

张子晗	荆门市海慧中学	夏琳泉	黄冈市东坡小学
徐 航	十堰市竹山县宝丰镇黄栗九年一贯制学校	李明华	黄冈市红安县杏花乡两道桥中学
柏 鑫	十堰市竹溪县城关中学	付 满	黄冈市罗田县特殊教育学校
刘元丽	十堰市房县特殊教育学校	周若妍	咸宁市通山县实验中学
张典露猜	十堰市实验小学	丁彤彤	咸宁市崇阳县石城镇中心小学
庹雯雯	十堰市第二中学	胡 珂	咸宁市通城县杨部中学
罗 行	黄冈市团风县杜皮中学	敖舜若	随州市曾都区实验小学
周逸帆	黄冈市浠水实验中学	齐雨诺	武昌水果湖第二小学

湖 南

徐睿璟	长沙市雨花区砂子塘小学	陈奕颖	常德市澧县第一完全小学
余思泓	长沙市麓山国际实验学校	叶 钊	张家界市桑植县澧源镇第二小学
刘苏雨	长沙市长郡芙蓉中学	林 轶	张家界市桑植县十一学校
陈晓甜	长沙市第十一中学	朱黄腾	张家界市桑植县贺龙中学
易泳孜	株洲市荷塘区荷塘小学	黄婧莹	沅江市桔园学校
张 璇	株洲县渌口镇中学	唐 越	益阳市桃江县桃花江小学
荣雨珊	株洲醴陵市孙家湾中学	陈少奇	益阳市益师艺术实验学校
张雅茜	湘潭县江声实验中学	金炫羽	郴州市资兴市第三中学
周龙笛	湘潭市湘乡市东方红学校	张芷馨	郴州市苏仙区苏仙中学
李思培	衡阳市衡南县咸塘镇中心小学	雷依葭	郴州市嘉禾县第五中学
胡志辉	衡阳市衡阳县蒸阳小学	邱志飞	郴州市临武县南强中心小学
文语聆	衡阳市衡山县城西完小	陈泽锋	郴州市汝城县第五中学
谢昕颖	衡阳市祁东县玉河小学	唐一凡	永州市冷水滩区梅湾小学
段如宸	衡阳市蒸湘区衡钢小学	唐睿翺	永州职业技术学院附属学校
廖栀小山	衡阳市船山实验中学	魏之易	永州市第十一中学
何雨潇	邵阳市洞口县洞口镇竹山小学	周昕昊	永州市新田县龙泉第一完全小学
王 滔	邵阳市邵阳县黄荆乡初级中学	李 奇	永州市祁阳县龙山街道民生小学
伍 越	邵阳武冈市东方红小学	王韵涵	怀化市麻阳苗族自治县锦江中学
岳 淼	邵阳新邵县酿溪镇中学	吴韦佳	怀化市通道侗族自治县第一中学
戴昶妍	邵阳新宁县解放小学	申诗诗	怀化市溆浦县警予学校
黎卓远	邵阳市第五中学	李形建	怀化市辰溪县明德小学
何子言	岳阳市岳阳楼小学	谢卓尔	娄底市第五完全小学
吴天昊	岳阳市第九中学	何景宁	娄底市第一中学
向周阳	岳阳市花板桥学校	刘鑫权	涟源市实验学校
余耀武	岳阳市汨罗市特殊教育学校	熊 欣	湘西土家族苗族自治州民族实验小学
马欣芮	常德市汉寿县詹乐贫中学	石雨鑫	湘西土家族苗族自治州保靖民族中学
齐 杨	常德市安乡县城北小学	杨 婧	湘西土家族苗族自治州吉首市第一小学
张铭洋	常德经济技术开发区崇德中学	彭梦琴	龙山县靛房镇九年制学校

广 东

李 可	广州市越秀区东风东路小学	林子晴	中山市第一中学
王子安	广州市盲人学校	李书婷	中山市黄圃镇中学
孙才惠	广州外国语学校	彭奕程	江门市第一中学景贤学校
李可颖	广州市番禺区市桥东风中学	温景尧	江门市紫茶小学
王 亦	广州市海珠区海联路小学	王雯慧	台山市台城中心小学
杨乐乐	广州市第四十七中学	陈楚莹	开平市金山中学
田芷凡	深圳市南山区华侨城小学	麦景南	阳江市阳东县实验学校
肖 觅	深圳市展华实验学校	郑 宇	阳江市阳西县方正中学
丘斯桔	深圳市文汇中学	李洪州	湛江市第二十五小学
夏雨菲	深圳中学	黄奕雯	湛江市第四小学
刘泳麟	珠海市紫荆中学	周俊李	湛江市麻章中心小学
李翠丽	珠海市金湾区外国语学校	朱嘉华	湛江市开发区职业高级中学
李书晴	汕头金山中学南区学校	龙景英	湛江市廉江中学
陈远梅	汕头市聋哑学校	李永祥	雷州市龙门中学
曾怡思	汕头市澄海实验学校	何英敏	茂名市愉园中学
张 驰	汕头市达濠民生学校	陈彦良	高州中学初中校区
蔡秾锴	南澳县后宅镇中心小学	李志豪	茂名市第五中学
陈锴烨	汕头市丹霞小学	吕泓佑	茂名市第六小学
易彦希	佛山市高明荷城街道第一小学	李 莹	高州师范附属第一小学
赵 蕾	佛山市三水区第三中学	梁浩宇	茂名市茂港区第一小学
赵诗菁	韶关市乳源瑶族自治县民族实验学校	刘桂婷	肇庆市鼎湖中学
侯星艳	韶关市乳源瑶族自治县桂头镇中心小学	罗杰骏	肇庆市高要市第一中学
黄至鑫	河源市第三小学	林晨光	广宁县南街镇中华西小学
彭姝淇	河源市紫金县富士康希望小学	梁美霞	肇庆市怀集县岗坪镇中心小学
陈晓玲	河源市和平县实验初级中学	陈碧潺	清远市佛冈县城东中学
叶映岐	河源市连平县第一初级中学	黄萍利	清远连州市北山中学
何楚田	梅州市大埔县大埔小学	雷明锐	清远市新北江小学
张心颖	梅州市大埔县虎山中学	张 乐	清远市清新区第三小学
曾雅淇	梅州市五华县第一小学	张 淼	潮州市绵德小学
陈灵灵	梅州市五华县兴华中学	陈 欣	潮州市高级实验学校
李宇茜	黄冈中学惠州学校	郭枫阳	揭阳市实验中学
徐 滢	惠州市博罗中学育英学校	林楠楠	揭阳市揭西县棉湖第二中学
黄奕铭	惠州市李瑞麟小学	林泽华	揭阳市揭东县地都镇第三初级中学
林 昱	惠州市惠东县平山第一小学	陈仲禧	揭阳市榕城区红旗小学
刘瑜洁	汕尾市陆河县河田镇城北小学	卢晓琳	揭阳市蓝城区桂岭镇玉步小学
杨昭鸿	汕尾市陆丰市大安镇中心小学	方 晨	揭阳市普宁市流沙第一实验小学
蔡赐美	汕尾市城区汕尾中学	李可晴	云浮市邓发纪念中学
李宁欣	汕尾市海丰县海城镇第三中学	梁蓓欣	云浮市新兴县实验中学
杨亣谦	东莞市东莞中学松山湖学校	黄宝砼	云浮市第二小学
谢语诗	东莞市南城区中心小学	梁可欣	云浮市罗定市实验小学
陈启骅	中山市杨仙逸小学体育路学校	唐 诗	佛山市顺德区容桂瑞英小学
谢钰芊	中山市实验小学	徐蔚蔚	佛山市顺德区大良顺峰初级中学

海 南

王睿诚	华侨中学	方一帆	琼州学院附属中学
邢福森	昌江县昌江中学	覃丽婷	东方市民族中学
林佳沅	海口市滨海九小	胡小香	陵水黎族自治县隆广中心小学
陈凯旋	海口市第一中学	李 娟	乐东黎族自治县思源实验学校
卿思远	海南师范大学附属中学	黄林雪	琼中县琼中中学
蔡灼耀	儋州市峨蔓镇中心学校	曾维森	澄迈县福山中学
符首创	儋州市排浦镇中心学校	梁少柳	文昌市文西中学
符公超	儋州市西庆农场中学	冯 翔	保亭黎族苗族自治县保亭中学
曹 茜	五指山思源实验学校	冯焕然	海南中学
严文杏	琼海市实验小学	陈 沁	农垦中学
谢佶君	临高县临高中学	符忻子	国兴中学
林 珍	万宁市万宁中学	张运坚	农垦实验中学
曾 惠	三亚市实验中学	陈宋釜	定安县定安中学
李文媛	三亚市第九小学	王俊杰	屯昌县南坤镇中心小学
孙彩益	白沙县白沙中学	黄娟英	洋浦中学

广 西

罗樱华	南宁市武鸣县太平镇庆乐小学	郭晋豪	北海市合浦县公馆镇中心小学
黄 会	北海市第八中学	陆莹莹	防城港市第三中学
卢雪婷	南宁市第三十一中学	张梦芸	防城港市实验小学
甘佳松	南宁市武鸣县实验学校	邓叶芳	钦州市钦南区康熙岭镇新平小学
韦金盈	南宁市横县马山乡第三初级中学	梁 燕	钦州市浦北县平睦初级中学
丘 瑜	南宁市宾阳县芦圩完全小学	胡乐怡	钦州市第五中学
周艳玲	南宁市兴宁区五塘镇中心学校	黄志浩	贵港市荷城初级中学
张羽楠	南宁高新技术产业开发区第二小学	莫雨菲	贵港市港北区荷城小学
龚庆雨	南宁市良庆区那马镇中心学校	郭 璇	贵港市覃塘区覃塘镇第一初级中学
莫安童	柳州市第八中学	杨紫惠	贵港市桂平市西山镇中心小学
梁琴洁	柳州市三江县民族实验学校	李德林	贵港市平南县官成镇中心小学
莫宇弘	柳州市第四十六中学	关力恒	玉林市博白县博白镇第三小学
阮逸轩	柳州市雀儿山路第二小学	李玉海	玉林市北流市北流镇丛义小学
吴思谕	柳州市鹿寨县城南实验小学	骆明杰	玉林市容县六王镇谭螺中心小学
董千宽	柳州市融安县长安镇泗朗村小学	周 利	玉林市玉州区城北初级中学
郑永新	桂林市阳朔县阳朔镇骥马小学	李才元	百色市右江区汪甸瑶族乡中心小学
苏圣璎	桂林市榕湖小学	谭旺宝	百色市那坡县城厢镇中心小学
王骁睿	桂林市龙隐小学	黄俞连	百色市右江区龙川中学
唐心怡	桂林德智外国语学校	金 桃	百色民族高级中学初中部
黄晴毓	桂林市第十一中学	邱习彬	贺州市八步实验小学
何思源	桂林市灌阳县民族中学	潘钰宸	贺州市富川瑶族自治县第二小学
覃水凤	梧州市藤县第二中学	梁瀚丹	贺州市实验中学
梁赞戈	梧州市第一中学	蒙祉功	河池市金城江区第五小学
吴惠清	梧州市第七中学	蒙秀丽	河池市南丹县芒场镇中心小学
易钦鹏	梧州市藤县藤城中心校	韦宇培	河池市宜州市北山中学
刘远学	梧州市第二实验小学	李晟兰	崇左市大新县桃城第一中学
严凯舰	梧州市岑溪市第一小学	赵倩澜	崇左市大新县实验中学
李恒昕	北海市合浦外国语实验学校	李佳欣	崇左市大新县桃城第一小学

重 庆

刘婷婷	重庆市万州区特殊教育中心	秦宇豪	重庆市涪陵第十六中学校
张嘉慧	重庆市渝中区人民路小学校	王鑻蓓	重庆市第九十五初级中学校
肖雯月	重庆市大渡口区实验小学	代巧雯	重庆市第十八中学
汤若兰	重庆市九龙坡区陶家镇小学校	敬启航	重庆市第七中学校
张彦词	重庆市渝北实验小学校	彭子轩	重庆市九龙坡区西彭镇第一中学
左山城	重庆市大足区中敖镇天山明德小学	杨乃一	重庆市第十一中学校
唐紫萌	重庆市万盛经济技术开发区鱼田堡小学	李杨鑫	重庆市北碚区王朴中学校
刘美乐	重庆市潼南县柏梓镇小学校	石雯渝	重庆市永川来苏中学校
韦 维	重庆市铜梁县侣俸镇小学	田 珺	重庆市渝北区第二实验中学校
杨诗琪	重庆市璧山县来凤小学校	周云萍	重庆市接龙中学校
莫雨虹	重庆市梁平县石安镇联丰完全小学	武卿雯	重庆市荣昌县盘龙镇合靖中学
邓厚双	重庆市巫山县龙务小学	冉泾柔	重庆市丰都第二中学校
晏章娟	重庆市巫溪县通城镇丛树中心小学校	李思燚	重庆市开县大进初级中学
谭臻至	重庆市丰都县第一小学校	谭茗月	重庆市中山外国语学校
李汶蔚	重庆市垫江县凤山小学校	孙 靖	重庆市巫溪县花台初级中学
侯 甸	重庆市黔江区新华小学校	秦克素	重庆市彭水苗族土家族自治县普子中学校
辛亚慧	重庆市秀山土家族苗族自治县石耶镇中心校	李鹏飞	重庆市第八中学校
王 睿	重庆市城口县实验小学校	谭 山	重庆市巴蜀中学校
林翰雯	重庆市人民小学	贾柠溪	四川外国语大学附属外国语学校
王艺文	重庆市巴蜀小学校	朱美玲	重庆市武隆县江口中学校

四 川

周之源	成都市树德实验中学	魏 桢	旺苍县双河初级中学校
房励行	成都师范附属小学万科分校	杨金凤	蓬溪县蓬南中学
李鑫锐	都江堰市北街小学	张金驰	蓬溪中学校
张舟丹青	成都市双流县九江初级中学	柏 鑫	遂宁市蓬溪县大石桥中学
郭钰佳	自贡市大安区大安小学校	余 洋	遂宁市蓬溪县下河小学
钟玉婷	自贡市解放路初级中学校	曹倚凡	内江市第十一小学校
王雪蕊	自贡市自流井区塘坎上小学校	沈宇喆	内江市资中县球溪高级中学
倪小凤	自贡市富顺第一中学校	杨淋惠	威远县严陵中学
陈郁菲	攀枝花市第二初级中学校	曾 熠	内江市第十三小学校
贺 佳	攀枝花市第十一中小学校	李姝欣	乐山市师范学校附属小学
李俊南	攀枝花市米易县第一小学校	詹雅婷	乐山市市中区苏稽镇新桥小学
黄 宸	攀枝花市第十九中小学校	杨春妹	乐山市第五中学
张 霞	泸州市龙马潭区金龙乡中心校	肖雨璐	峨眉山市第三中学
李京澄	泸州市叙永县震东乡中心小学校	任冰心	南部中学
向雨鑫	泸州市合江县城关初级中学校	李见知	仪陇县新政小学校
刘星雨	泸州市泸县第二中学城北分校	秦语蔚	南充市蓬安县相如第一小学校
孙庆婕	德阳市第一小学	陈泠江	营山县化育初级中学
李俊岑	北京师范大学什邡附属外国语学校	郭宇乾	眉山市彭山县第一小学
廖必毲	中江县南华镇初级中学校	甘琪霖	眉山市彭山县第一小学
徐文韬	广汉市雒城镇第一小学校	石 磊	眉山市东坡区实验初级中学
梁 雯	广元市实验小学校	刘艺林	眉山市东坡区实验初级中学
滕明正	广元市零八一中学	王艺文	宜宾市江安县汉安初级中学校
王溪玥	旺苍县实验小学	彭钰钦	宜宾市长宁县希望小学

唐艳	宜宾市南溪区第五中学校	李沛佩	资阳市雁江区第二中学
高永婧	宜宾市兴文县香山民族初级中学校	韩董琳	简阳市平泉镇九年义务教育学校
苏怀峰	广安友谊中学	黄威然	资阳市安岳县东方红小学
田珂源	岳池中学	唐恬馨	资阳市乐至县希望小学
宋巧玲	广安市特殊教育学校	陈剑	阿坝州茂县凤仪镇学校
张誉龄	广安市前锋区代市镇小学校	欧恒溪	阿坝州茂县东风本田励志小学校
周雨桐	万源市太平镇小学校	殷之翼	阿坝州九寨沟县第一小学
毛婉尔	达州市开江县实验小学	张远瑞	马尔康中学校
刘芳溢	达州市第一中学校	余欣怡	甘孜藏族自治州康定中学校
丁施宇	渠县中学	罗晗	甘孜藏族自治州康定中学校实验小学
莫心语	雅安市名山区前进乡中心小学	谢凤丹	甘孜藏族自治州九龙县淇木林中心校
杨洋	雅安市天全县城区第一完全小学	马秋莉	甘孜藏族自治州九龙县沙坪职业中学
张福培	雅安中学	段玉	凉山州甘洛县田坝中学校
高清馨	国张中学	马玉萍	凉山州会理县第一中学
杜雪源	巴中市第三中学	黄涛	凉山州美姑县城关小学
李世源	巴中市巴州区第三小学校	李永旺	凉山州宁南县景星乡梓油小学
何彦润	巴中市通江县第三中学	拉普阿香	凉山州西昌市民族中学
赵婉晴	通江县诺江镇第二完全小学	俄木加加莫	凉山州西昌市四合乡中心小学

云 南

杨亚蓉	昆明市禄劝县云龙小学	白仙姑	玉溪市元江哈尼族彝族傣族自治县第二中学
殷铭浩	昆明市东川区第二小学	山越妮雅	红河州弥勒市弥阳镇第二小学
赵恒	昆明市倘甸产业园区轿子山旅游开发区倘甸镇马街小学	张宇	红河州泸西县向阳乡中心小学
鲍艺元	昆明市寻甸县仁德第二小学	陆思思	红河州河口县瑶山乡中心小学
李俊	昆明市寻甸县仁德第二初级中学	李红艳	红河州元阳县上新城乡中学
李晓媛	昆明市禄劝县撒营盘镇中学	朱勒陆	红河州红河县架车中学
吴蓉	昆明市东川区阿旺中学	杨德妹	红河州金平县金平中学
苏怀虎	昆明市倘甸镇初级中学	陈明文	文山州麻栗坡县杨万乡中心小学
陈彦谷	昭通市实验小学	熊英	文山州马关县篾厂乡中心学校
陈子烨	昭通市昭阳区第三小学	李文超	文山州富宁县洞波中学
马锐檬	昭通市实验中学	张正祥	云南师范大学附属丘北中学
冯燨	昭通市昭阳区凤凰街道办事处中学	周洋	普洱市景东县民族小学
赵佳荣	曲靖市富源县中安镇清溪小学	周欣怡	普洱市景东县银生中学
赵梦圆	曲靖市师宗县龙庆彝族壮族乡中心完全小学	杨诗语	普洱市澜沧县民族小学
张娜	曲靖市富源县古敢水族乡中学	周佩璇	普洱市澜沧县民族中学
何函遥	曲靖市师宗县高良民族中学	玉坎	西双版纳州勐海县打洛镇中心小学
李晓杰	楚雄州禄丰县土官初级中学	岩庄风	西双版纳州勐腊县民族中学
李梦颖	楚雄州禄丰县第四中学	杨晓倩	大理州洱源县凤翔中心完小
吉晓雨	楚雄州禄丰县城南小学	赵昌正	大理州剑川县甸南镇中心小学
刘璐菲	楚雄州禄丰县金山镇大洼小学	李秋雪	大理州鹤庆县松桂镇中心小学
朱紫涵	玉溪市红塔区小石桥乡中心小学	唐杨苏	大理州洱源县玉湖初级中学
付庭蓉	玉溪市华宁县通红甸彝族苗族乡中心小学	张志星	大理州剑川县金华一中
杨谨竹	玉溪市易门县绿汁镇绿汁小学	蒋春美	大理州鹤庆县黄坪初级中学
罗鲜美	玉溪市新平彝族傣族自治县平掌中学	王思力	保山市实验小学
林自强	玉溪市峨山彝族自治县化念中学	邵梦婷	保山市腾冲县猴桥镇民族中学

尹召林	德宏州梁河县河西中学	唐艳香	迪庆州香格里拉县第一中学
段文喜	德宏州梁河县小厂中心小学	杨国卿	临沧市沧源县国门小学
赵嘉蕙	丽江市实验学校	翟成爱	临沧市镇康县勐堆乡勐堆坝南磷希望小学
和洋瑶	丽江市玉龙中学小学部	袁秋艳	临沧市凤庆县第二中学
乔文仕	怒江州泸水县鲁掌中学	蒋瑞杰	云南大学附属中学星耀校区
张怡翩	怒江州兰坪县城区第二完全小学	卓玛拉姆	云南民族中学
拉茸旺堆	迪庆州香格里拉县民族小学	肖云迪	云南师范大学附属小学

贵 州

金涵楸	安顺市实验学校	杜良惠	铜仁市德江县民族中学
王勋宇	安顺市实验学校	方心雨	铜仁市万山区第二完全小学
张奇奇	安顺市黄果树风景名胜区黄果树中学	罗君瑶	铜仁市第五小学
张国一	安顺市普定县实验学校	吴航	遵义市绥阳县蒲场镇儒溪小学
刘忠懿	六盘水市盘县第八中学	赵雪雪	遵义市绥阳县洋川中学
李若瑜	六盘水市实验小学	杨红玉	遵义市正安县第七中学
胡俊豪	六盘水市第四中学	郑周霞	遵义市正安县凤仪镇中心小学
张富诗蓉	六盘水市水城县第二小学	申彪	毕节市七星关区青场镇青坝小学
董贞吾	黔南州贵定师范学校附属小学	田崧吟	毕节市黔西县思源实验学校
田金雨	黔南州惠水县城关第一小学校	张旭	毕节市七星关区普宜镇乐都小学
罗遵毅	黔南州都匀市第四中学	周亚碧	大方县长石中学
杨凌铃	黔南州福泉市第一中学	姜衔	凯里市第二中学
任珈谊	贵阳市甲秀小学	吴艳琴	从江县第三民族中学
刘赞辉	贵阳市第十八中学	刘圆圆	黔东南州丹寨县城关第一小学
刘万奇	黔西南州兴义市第九中学	陈文静	麻江县贤昌镇新场小学
陈诗睿	黔西南州兴义市第八中学附小	王新雨	仁怀市坛厂中学
梁启会	黔西南州德卧镇教育集团初中部	黄奕婷	贵安新区马场镇中心小学
吴凌宇	铜仁学院附属中学	李宁致	威宁县第一小学

西 藏

旦真次仁	拉萨市尼木县帕古乡完全小学	小扎西	林芝地区墨脱县中学
次旺	拉萨市尼木县中学	平措	
仁青坚才	拉萨市城关区娘热乡完全小学	格堆	昌都地区贡觉县中心小学
罗布次仁	拉萨市第二中学	德青白珍	昌都地区贡觉县中学
普姆琼	日喀则地区拉孜县中学	索朗	昌都地区江达第一初级中学
德吉卓嘎	日喀则地区拉孜县完全小学	江永贡布	昌都地区江达县小学
旦增罗布	日喀则地区江孜县闵行中学	斯加	那曲地区那曲县完全小学
边巴穷塔	日喀则地区江孜县纳如乡完全小学	贡嘎顿珠	那曲地区三小
旺堆扎西	山南地区琼结县下水乡完小	石达卓玛	那曲地区浙江中学
益西卓嘎	山南地区曲松县堆随乡完全小学	嘎玛拥措	那曲地区二中
达珍	山南地区琼结县中学	格桑美朵	阿里地区小学
桑吉卓玛	山南地区曲松县中学	顿珠努布	阿里地区小学
玉珠措姆	林芝地区波密县完全小学	徐珩泰	西藏民族学院附属中学
四朗曲扎	林芝地区察隅县完小	牛芊芊	西藏民族学院附属中学
		张艳娇	西藏驻格尔木办事处小学

陕 西

常艺璇	西安市碑林区西安交通大学附属中学分校	李贰零	汉中市镇巴县长岭初级中学
李灿宇	西安市莲湖区西电实验小学	王可心	汉中市佛坪县初级中学
刘婕妤	西安市未央区东元路学校	张馨予	安康市第一小学
南萍静雯	西安市灞桥区十里铺小学	雷星格	安康市第一小学
程诗若	西安市户县东关小学	贺子雨	安康市宁陕县宁陕小学
张清璇	宝鸡市实验小学	曹兴鸿	安康市宁陕县城关初级中学
杨昕卓	宝鸡市新建路中学	高子璐	延安市实验中学
王春雨	宝鸡市凤翔县横水镇第一中学	韩 旭	延安市实验小学
唐兰思	宝鸡市太白县太白河镇中心小学	冯纪元	延安市黄陵县隆坊中学
罗丹言	咸阳市秦都区天王学校	张明泽	延安市宜川县丹州镇中心小学
景遥远	咸阳市渭城区第二初级中学	刘 璐	榆林市榆阳区第十中学
马静怡	咸阳市三原县渠岸镇中学	加昊男	榆林市绥德县江德小学
王暲暲	咸阳市武功县实验小学	叶婷婷	榆林市定边县第五中学
刘玉豫	铜川市王益区矿务局第二中学	杨宇佳	榆林市府谷县前石畔九年制学校
任佳媛	铜川市印台区金锁中小学	何广欣	商洛市商南县富水镇初级中学
李静怡	渭南市实验小学	李煜溪	商洛市丹凤县育才学校
索旌尧	渭南市实验初级中学	张丙博	商洛市镇安县第二中学
赵天硕	渭南市蒲城县城关镇初级中学	郭沛哲	韩城市新城二中
张佳璐	汉中市城固县崔家山镇陕飞二小	屠馨月	杨凌示范区高新中学
李雪融	汉中市洋县四〇五学校	刘思薇	西安市泾河工业区中心学校

宁 夏

师少飞	银川市兴庆区第十五中学	杨亚娥	吴忠市红寺堡区回民中学
杨 光	银川市金凤区第十一小学	赵宏伟	吴忠市同心县海如女子中学
姚鹏全	银川市西夏区第十八中学	马 磊	固原市原州区第二小学
马梦莹	银川市永宁县回民中学	杨 凯	固原市隆德县第四中学
杜 兵	灵武市回民中学	张健玮	固原市彭阳县第二中学
刘冰喆	石嘴山市第六中学	王晶晶	固原市西吉县实验中学
穆海强	石嘴山市第四中学	许逸飏	中卫市第六小学
侯 浩	吴忠市利通区第三中学	何 玲	中卫市中宁县第二中学
吕 俊	青铜峡市第四中学	陶 博	中卫市海原县二中
冯宁萱	吴忠市盐池县第一小学	李沁柯	长庆小学

甘 肃

杨巧慧	皋兰县第四中学	李文婷	会宁县枝阳中学
韩 悦	兰州市红古区海石湾第四小学	刘育菲	白银市景泰县上沙窝小学
牛国庆	兰州市第四十九中学	马志宣	靖远县若笠乡若笠中心小学
孔黎明	兰州第七中学	汪万朋	甘谷县永丰初级中学
刘凌志	兰州市城关区畅家巷小学	曹李轩	天水市麦积区道南小学
郭昕城	嘉峪关市第二中学	安小彤	天水市秦安县兴国第三小学
陈泊源	嘉峪关市实验小学	许露露	天水市秦州区娘娘坝中学
张 震	金昌市永昌县第五中学	王 申	武山县洛门镇中心小学
姜昊德	金昌市第三中学	魏 妍	敦煌市东街小学
张晓斐	白银市平川区种田中学	柴 静	酒泉市金塔县第四中学

阿依木剑	酒泉市阿克塞县中学
夏文捷	酒泉市肃州区第二中学
柴文艳	张掖县高台县西街小学
张佳慧	临泽县板桥镇中心小学
张贤	民乐县第二中学
尼玛央宗	肃南裕固族自治县第二中学
王琴	武威市凉州区河东乡汪家寨小学
王子玲	武威市凉州区谢河镇中学
何思妤	武威市民勤县北街小学
孔小蔓	民勤县苏武乡新河中学
郝娟	渭源县会川中学
张俊	定西市临洮县明德初级中学
张玉晶	岷县锁龙九年制学校
张宇杰	定西市岷县西寨镇坎丰小学
张浩	漳县武阳西街小学
张力	陇南市康县城关第一小学
曾汇添	陇南市宕昌县旧城中学
陈思雨	礼县第一中学

曹聪	陇南市两当县城关小学
李波	陇南市武都区马街初级中学
朱金博	平凉市崇信县城区第二小学
单秀荣	平凉市泾川县汭丰乡三十梁小学
马军	平凉市泾川县太平乡中学
张英	平凉市崇信县第三中学
沙炫彤	庆阳市东方红小学
齐渊源	庆阳市合水县西华池小学
刘硕	庆阳市西峰区温泉乡齐家楼初中
司浩榘	庆阳市庆城县庆华小学
杨怡茹	临夏市一中
张明晶	临夏州永靖县刘家峡中学
王桉潇	临夏市新华小学教育集团
孔雅楠	临夏州永靖县刘家峡川北小学
仁青才让	迭部县初级中学
益西卓玛	甘南州合作一小
熊妮娜	甘南州夏河县中学
姜启云	卓尼县柳林小学

青 海

看秀昂毛	天峻县第一民族小学
吴振雄	德令哈市第二中学
黄露露	都兰县第一中学
拉毛叶忠	海南州共和县民族中学
娄廷琪	海南州共和县第二寄宿制小学
旦正索南	海南州共和县第二民族寄宿制小学
王滨	互助县城北小学
马茜宁	互助县城南学校
刘世安	互助县民族中学
邓玉飞	民和县西沟乡东沟中学
马瑞琳	民和县川垣小学
王露	化隆县第二小学
张文熙	海东市乐都区七里店学校
祁春珍	海东市乐都区七里店学校
朵昕瑜	平安县第二小学
何雪琴	循化县积石镇草滩坝学校

索南措	海北州祁连山中学
孔繁星	门源县城关第二小学
李启蓉	海晏县民族寄宿制完全小学
忠科吉	海北州祁连县默勒镇中心寄校
才让卓玛	玛沁县第一民族中学
田忠祥	果洛州民族中学
陈林琼措	玉树州红旗小学
白玛措毛	玉树州八一孤儿学校
刘少婕	西宁市城北区祁连路小学
金沛萱	西宁市城中区南大街小学
祁琪	西宁市城东区小泉小学
李生宇	大通县园林小学
韩飞云	西宁市第一中学
王丽雯	西宁市第九中学
顾永录	西宁市聋哑学校
王鹏	湟源县日月中心学校

新 疆

王乐瑶	奎屯市第三小学
布勒德生	特克斯县喀拉达拉镇喀英德小学
张丽芳	昭苏县喀夏加尔乡中心学校
吴纪锡	察布查尔县第一中学
巴克加娜儿·奴尔江	尼勒克县木斯乡乌图九年制学校
刘雪纯	塔城地区塔城市第四中学

陆冰玉	塔城地区沙湾县东湾镇中心学校
李文静	阿勒泰地区布尔津县初级中学
珠丽德孜·阿达尔	哈巴河县库勒拜乡中心小学
江芳芳	博州阿拉山口市中学
彭成	博州精河县八家户农场小学
夏依旦	昌吉州木垒哈萨克自治县第三小学

吴从周	昌吉市第十小学	窦 洁	克州第二中学
郝 晨	吉木萨尔县第二中学	努仁沙古丽·阿不力米提	克州阿克陶县皮拉力乡第二中学
莫丽德尔	玛纳斯县包家店镇学校		
叶尔森	乌鲁木齐县萨尔达坂中心小学	刘旭阳	喀什市第十小学
娜菲莎	乌鲁木齐市第一一六小学	祖丽皮耶·艾呢外尔	疏附县站敏乡天山小学
范羽涵	乌鲁木齐市第九十七中学	任 欢	疏勒县八一中学
赵 燕	乌鲁木齐市第一〇九中学	阿卜杜外力·买买提	伽师县古勒鲁克乡中心小学
胡 月	乌鲁木齐市达坂城区达坂城中学	帕热·拜克热	岳普湖县色也克乡中学
卡地亚·卡地尔	哈密市二堡镇第一中学	阿依米萨·夏达伍提	英吉沙县克孜勒乡一村小学
阿卜杜许库尔·阿卜力米提	哈密市花园乡花园中心校	艾尼完江·吾拉衣木	麦盖提县刀郎双语中学
麦迪乃·买和木提	吐鲁番市三堡中学	李书悦	泽普县第二小学
哈力达·外力	吐鲁番市胜金中学	地里达尔·玉苏甫	巴楚县阿纳库勒乡中学
古力波斯坦·艾合买提	巴州且末县阔什萨特玛乡小学	阿米娜木·肉孜	叶城县伯西热克乡中学
		曹梦晗	莎车县第六小学
邓昕妍	巴州和硕县第一小学	阿曼妮萨·如则麦麦提	墨玉县扎瓦镇小学
夏日扎提·依麻木	库尔勒市和什力克乡中学		
米热宛古丽·艾买提	柯坪县第一中学	褚 玥	民丰县民汉小学
吴欣蕊	温宿县第二小学	凯丽比努尔·海比尔	和田县布扎克乡中学
萨德尔江·库尔班	乌什县亚曼苏乡中心小学	穆尼热·艾尔肯	墨玉县第二中学
阿达莱提·阿布都外力	新和县尤鲁都斯巴格镇中学	杨 琴	于田县第二中学
		王 龙	于田县CEC希望学校
王莉莉	拜城县试验站小学	迪力乎玛尔	石河子第七中学
穆妮热·赛麦提	沙雅县英买力镇第一中学	彭新玥	乌鲁木齐市八一中学
张庚成	教育学院实验小学	巴哈尔别克·阿曼巴依	克州乌恰县吉根乡小学

新疆生产建设兵团

刘袁媛	第一师五团中学	朱向媛	第九师团结农场中学
董霞霞	第一师四团中学	查子坤	第九师一七〇团中学
陈博文	第二师二十四团中学	付冰玉	第十师一八六团中学
柴丽娜	第二师三十八团学校	刘珂璇	第十师一八七团中学
柳金利	第三师四十五团第一小学	李明睿	建筑工程师第一中学
热那提	第四师六十四团双语小学	马小玲	第十二师养禽场子女学校
姚 佳	第四师六十九团中学	宋雯静	第十三师红星学校
王曼颖	第六师五家渠第一中学	萨代提·阿卜来提	第十四师皮山农场第一小学
孟亮亮	第六师一〇三团学校	刘 畅	第十四师二二四团中学
崔 灿	第七师一三〇团完全中学	米新兰	二二二团子女学校
金怡蕾	第七师一二九团五五中学	季嘉颖	第一中学
王雪莹	第八师石河子第二小学	袁海彬	第二中学
高若荷	第八师石河子第十中学	马 立	第三中学
阿依努拉·艾沙江	第八师石河子第六中学	闫 浩	第五师八十四团学校

特别鸣谢

中华人民共和国教育部
中国福利会
中国宋庆龄基金会

北京市教育委员会
天津市教育委员会
河北省教育厅
山西省教育厅
内蒙古自治区教育厅
辽宁省教育厅
吉林省教育厅
黑龙江省教育厅
上海市教育委员会
江苏省教育厅
浙江省教育厅
安徽省教育厅
江西省教育厅
福建省教育厅
山东省教育厅
河南省教育厅
湖北省教育厅
湖南省教育厅
广东省教育厅
海南省教育厅
广西壮族自治区教育厅
重庆市教育委员会
四川省教育厅
云南省教育厅
贵州省教育厅
西藏自治区教育厅
陕西省教育厅
宁夏回族自治区教育厅
甘肃省教育厅
青海省教育厅
新疆维吾尔自治区教育厅
新疆生产建设兵团教育局

上海宋庆龄基金会

插画指导老师

（排列不分先后）

王　蕾　王晨颖　徐林峰　何球红　谢雨滋　郭冰夷
朱丽萍　金云华　施　晶　沈林清　须　静　乔　莎
高苗苗　罗　燕　陈　珠　朱丽萍　仲　敏　谢　翠
薛吉祥　徐丽芳　沈　绮　范　媛　沈　婕

图书在版编目（ＣＩＰ）数据

　　成长的榜样：第十一届宋庆龄奖学金获奖者优秀事迹 ／宋庆龄奖学金办公
室编． -- 上海：中国中福会出版社,2014.7（2019.8重印）
　　ISBN 978-7-5072-1972-2

　　Ⅰ．①成… Ⅱ．①宋… Ⅲ．①中小学生－生平事迹－
中国－现代 Ⅳ．①K828.4

　　中国版本图书馆CIP数据核字(2014)第142841号

- -

成长的榜样　　　宋庆龄奖学金办公室　编

责任编辑　凌春蓉
装帧设计　福莱达艺术机构（上海）
排版制作　福莱达艺术机构（上海）
出版发行　中国中福会出版社
地　　址　上海市常熟路157号
邮政编码　200031
电　　话　021-64373790
传　　真　021-64373790

- -

经销　全国新华书店
印制　保定市正大印刷有限公司
开本　787mm×1092mm 1/16
印张　14
字数　200千字
版次　2014年7月第一版
印次　2019年8月第四次印刷
ISBN　978-7-5072-1972-2/K·38
定价　56.00元